城市轨道交通车辆驾驶实训项目教程

主　编　张庆玲　韩　冰

副主编　孙会勇　谭欣天　韩玉辉

参　编　吕　娜　王　迪　王　洋

　　　　潘宣伊　代　兵

北京理工大学出版社

BEIJING INSTITUTE OF TECHNOLOGY PRESS

内 容 简 介

本书是在校企双主体办学，联合开展现代学徒制的前提下，与企业合作编写的一本教材。是北京理工大学出版社职业教育城市轨道交通类规划教材之一。将城市轨道列车驾驶员岗位所需的各种知识与技能有机结合，以驾驶员日常乘务工作流程为主线进行编写。教材中各项目及任务的设置引入城市轨道交通运营企业真实的工作场景，并将驾驶员岗位工作内容细化，让读者直观认识城市轨道交通车辆驾驶相关的设备、装置及操作方法，使学生在本书指导下，可独立完成城市轨道交通列车驾驶员从出勤、正线行车到最后入库停车的所有工作内容。

教材主要内容包括：驾驶员岗位工作标准，驾驶员行车安全、行车信号手势及用语，列车整备作业，标准化出乘作业及列车突发情况处理等。

本书可作为高职高专城市轨道交通车辆专业教材，也可作为其他轨道交通类专业选修课教材及轨道交通类企业的职业培训教材，还可供从事城市轨道交通车辆驾驶及检修的人员学习参考。

图书在版编目（CIP）数据

城市轨道交通车辆驾驶实训项目教程 / 张庆玲，韩冰主编. —北京：北京理工大学出版社，2016.3（2024.8 重印）

ISBN 978-7-5682-1993-8

Ⅰ. ① 城…　Ⅱ. ① 张…　②韩…　Ⅲ. ①城市铁路–铁路车辆–驾驶术–职业教育–教材　Ⅳ. ①U268.4

中国版本图书馆 CIP 数据核字（2016）第 049185 号

出版发行 / 北京理工大学出版社有限责任公司
社　　址 / 北京市海淀区中关村南大街 5 号
邮　　编 / 100081
电　　话 / （010）68914775（总编室）
　　　　　（010）82562903（教材售后服务热线）
　　　　　（010）68944723（其他图书服务热线）
网　　址 / http://www.bitpress.com.cn
经　　销 / 全国各地新华书店
印　　刷 / 廊坊市印艺阁数字科技有限公司
开　　本 / 787 毫米×1092 毫米　1/16
印　　张 / 12.25
字　　数 / 285 千字
版　　次 / 2016 年 3 月第 1 版　2024 年 8 月第 5 次印刷
定　　价 / 39.80 元

责任编辑 / 王俊洁
文案编辑 / 王俊洁
责任校对 / 周瑞红
责任印制 / 李志强

前 言
PREFACE

随着职业教育校企合作的深入发展，校企联合开展现代学徒制已成为校企合作的一种典型模式。在现代学徒制模式中，企业全程参与人才培养，与学校共同完成制定人才培养方案、开发课程、编写教材等工作，确保培养的人才符合企业岗位需要。

本书就是在校企双主体办学，联合开展现代学徒制的前提下，与企业合作编写的一本教材。是北京理工大学出版社职业教育城市轨道交通类规划教材之一。本书采用项目导向、任务驱动的方法，全部项目均来自企业工作岗位，将城市轨道列车驾驶员岗位所需的各种知识与技能有机结合，以企业真实的工作场景与工作流程为基础，共设计了 5 个教学项目、10 个教学任务及 3 个拓展任务，涵盖了驾驶员工作的各项规章制度、驾驶行车安全知识、驾驶调度指挥相关知识、车辆设备及装置、驾驶员日常乘务工作流程及突发情况处理方法等必备知识。同时对学生的列车操纵能力、标准化作业能力、应急反应能力，以及其他相关岗位协作能力等职业技能和职业素质加以训练和培养。

本书由长春职业技术学院张庆玲、韩冰任主编，由长春市轨道交通集团孙会勇、谭欣天及长春职业技术学院韩玉辉任副主编，长春职业技术学院吕娜、王迪、王洋、潘宣伊、代兵参加编写。本书在编写过程中得到长春市轨道交通集团有限公司的大力支持，主要内容参照长春轻轨、广州地铁、上海地铁、南京地铁、哈尔滨地铁的有关资料，在此表示感谢。由于编者水平有限，难免有疏漏之处，恳请广大读者不吝赐教。

编　者

2015 年 11 月

目 录

CONTENTS

目录

1

项目 3
列车整备作业

项目 4
标准化出乘作业

项目 5
处理列车突发情况

词 汇 表

参 考 文 献

项目 1

制定驾驶员奖惩细则

 **项目描述**

  驾驶员是城市轨道交通运营行业中的重要岗位，直接关系到运营工作的顺利进行与乘客的人身安全。本项目要求学生站在管理者的角度为驾驶员制定一套详细、全面的奖惩细则，帮助学生充分认识驾驶员岗位所肩负的责任。

 **学习目标**

1. 了解驾驶员的基本要求。
2. 理解驾驶员的岗位职责与岗位纪律。
3. 掌握驾驶员的工作流程。
4. 掌握驾驶安全管理及事故处理规定。
5. 树立责任意识、安全意识。

任务 1.1　制定日常乘务工作奖惩细则

 **任务布置**

任务名称	制定日常乘务工作奖惩细则
任务要求	熟练掌握驾驶员日常乘务工作相关规定，完成奖惩细则中有关日常乘务工作奖惩细则的制定
任务准备	1. 场地：多媒体网络教室。 2. 资料：当地城市轨道交通运营企业日常乘务工作相关规章制度。 3. 由 4～5 名学生组成一个奖惩细则编写小组
引导问题	1. 你认为怎样才算一名合格的城市轨道列车驾驶员？ 2. 你认为哪些行为是城市轨道列车驾驶员不应该出现的

知识准备

✺ 1.1.1 城市轨道列车驾驶员基本素质要求

城市轨道（以下简称"城轨"）交通是一个现代化程度很高的实体，必须由具有良好职业素质的人去完成各种行车任务，驾驶员就是第一线的操作者。一名合格的驾驶员必须具备以下基本素质。

1. 良好的身体素质

由于城轨列车驾驶员岗位的特殊性，对从业人员的身高、健康程度以及双眼矫正视力都有比较高的要求，并且要求无色弱、无色盲。

2. 良好的心理素质和应急反应能力

城轨列车驾驶员驾驶列车在正线隧道中运行，当行车设备发生故障时，作为驾驶员，必须根据现场设备的异常情况，对故障做出及时的判断和处理，尽可能减小设备故障对列车运行带来的影响，安全、准点、快捷、舒适地将乘客送往目的地。

除了行车设备会发生故障以外，列车在站台停靠以及区间运行过程中都可能发生乘客纵火、打架、触碰车门装置等各种突发应急情况，作为城轨列车驾驶员，必须具备良好的心理素质去应对、处理这些突发情况，保障乘客生命财产安全，尽快恢复城轨交通正常运营，将突发事件对城轨交通运营组织的影响降到最小。

3. 认真仔细的工作态度

城轨交通运营组织工作是个大系统，整个系统就像一个联动机一样，任何一个岗位的人员出现问题都会影响到其他岗位人员的工作，任何设备故障也会影响到城轨交通各系统的正常运转。城轨列车在一条线上运转，一趟列车受影响，都可能致使线上的其他列车晚点，不能正常运行，严重的，甚至使整条线路停运，对整个城轨列车的运输组织工作带来非常大的影响，因此，任何一位驾驶员都需要以认真仔细的工作态度投入每天的工作中，出勤前认真核对当天的值乘计划、各项注意事项，确保接、发列车准确无误。

4. 严谨的工作作风

城轨列车驾驶员岗位是城轨交通运输行业的关键岗位，必须按《运营时刻表》规定的发车时间开车，确保运营列车运行有序，要掌握站台作业时关门的时机与技巧。加强站台与屏蔽门之间空隙情况的确认，确保乘客上、下车时的安全。除此之外，还要对列车的运行状态和相关行车设备进行监控、对列车运行进路进行瞭望，发现异常，及时、准确报告。遇到危及行车安全或设备安全的情况时，及时采取停车措施，并进行有效处理。驾驶员是保证城轨交通安全运营的第一道防线，也是最高级别的防线，因此，只有严谨的工作作风才能保证驾驶员的各项工作按照相关运作计划、行车指示、各类规章和作业标准顺利开展，确保城轨列车驾驶安全。

5. 良好的服务意识

城轨交通是一个城市的窗口，城轨列车驾驶员和车站工作人员是城轨交通的窗口，城轨列车驾驶员作为面向乘客的一线工作人员，必须具备良好的服务意识，才能保证为乘客提供优质的服务。城轨列车驾驶员需要在列车广播自动报站系统出现故障时，及时进行人工广播，为乘客提供正确的到站信息；在发生紧急行车事故时，保持镇静、沉着应对，最大限度地保障乘客的人身安全。在需要就地进行紧急疏散乘客时，及时、正确引导乘客有序疏散。

6. 高度的安全意识

城轨列车驾驶员必须有高度的安全意识，要有能够不断学习与遵守规则的素质，才能确保运行正常进行。我们把具有纪律性、严格执行规章制度的驾驶员看作是保障安全行车的重要因素，在人与技术设备的有机联系中，人是最主要的方面，如果经常性地因人为失误而造成事故，最先进的设备也会变得不可靠；对国内外历次事故的分析与调查都表明：由于人为失误造成事故的比例大于因技术缺陷所造成的事故的比例。因此，行车人员树立安全意识、学习和遵守安全规定是十分重要的。

✴ 1.1.2　驾驶资格的获取

目前，我国对城轨列车驾驶员的驾驶资质认证没有统一的标准。各地根据实际情况主要有以下几种认证方式。

（1）由劳动部门颁发驾驶员职业技能鉴定证书。
（2）由城市轨道交通运营企业颁发的上岗证。
（3）由交管部门核发机动车驾驶证。

不管由哪个部门来认证，都需要城市轨道交通运营企业进行为期 3 个月以上的理论和操作培训，并通过多重考核，方能获得驾驶员资格证书。

✴ 1.1.3　驾驶员岗位职责与岗位纪律

1. 岗位职责

（1）负责值乘期间列车的驾驶，凭有效的行车凭证（信号机显示的通过信号、车载 ATP 推荐的速度信号、调度命令、路票等）动车，保障列车运行安全。同时，对于运营列车，必须按《运营时刻表》规定的发车时间开车，确保运营列车运行有序。

（2）负责对列车的运行状态和相关行车设备进行监控，对列车运行进路进行瞭望，发现异常，及时、准确报告。遇危及行车安全或设备安全的情况时，及时采取停车措施，并进行有效处理。

（3）掌握站台作业时关门的时机与技巧，加强站台与屏蔽门之间空隙情况的确认，确保乘客上、下车时的安全。

（4）在列车广播自动报站系统发生故障时，及时进行人工广播，为乘客提供正确的到站信息。

（5）在车辆或信号系统发生故障导致列车不能正常行驶时，准确报告故障信息，并依据故障处理指引，及时对故障做出正确判断和处理，降低故障可能造成的影响。

（6）在发生紧急行车事故时，保持镇静、沉着应对，最大限度地保障乘客的人身安全。在需要就地进行紧急疏散乘客时，及时、正确引导乘客有序疏散。

（7）发现或发生行车事件时，及时、如实地向班组长及上级管理人员或相关负责人反映或报告，不隐瞒、不谎报。

（8）负责实习驾驶员的带教培训，通过言传身教的方式，向实习驾驶员传授丰富的行车知识和经验。

2. 岗位纪律

（1）必须严格遵守劳动纪律，按规定的时间和指定的地点出乘，不迟到、不擅自离岗。

对于不能按规定时间到达指定地点出乘的，应及时电话通知当值派班员，并听从安排。出乘前临时需要请假的，须提前 2 小时以上电话通知当值派班员。

（2）必须服从指挥。

服从指挥是城轨交通乘务人员最基本的职业准则，城轨列车驾驶员在值乘期间必须服从相关负责人的指挥，按其命令行车（相关负责人违章指挥或执行其指示可能导致行车事故的情况除外）。在正线，驾驶员必须服从行调的统一指挥；在车厂，驾驶员必须服从车厂调度的统一指挥；在列车调试、演练或发生紧急事故时，驾驶员必须服从现场总指挥或事故救援主任的指挥。

（3）必须服从管理。

服从管理是城轨交通乘务从业人员的首要责任。作为一名城轨列车驾驶员，应服从班组长（含轮值、派班员等，以下同）及以上[①]人员的管理，对班组做出的工作安排或指示，应予以执行。值乘期间，应主动接受班组长及以上人员的检查和监督，对班组长及以上人员发现的问题及做出的批评指正或考核，应予以虚心接受并改正。对班组长及以上人员的工作安排、指示或检查批评有不同意见或不满的，应通过向上级领导反映来寻求对问题的解决，不能因此带着情绪上线开车，更不能开斗气车、闷车。在运营列车的过程中，如遇身体不适，应及时报告行调，并通知正线轮值或派班员，请求协助。在未有具有相关操作资格的人员到位接替的情况下，应听从派班员或正线轮值的安排，并尽可能地维持列车的正常运行。严禁在未通知任何相关人员的情况下，擅自离岗或拒绝开车。遇终点站无人接乘时，到达驾驶员应主动继续值乘该趟列车，保证列车按点开出，然后再将相关情况报告正线轮值或派班员，并听从其安排，不能以任何理由拒绝继续值乘，保证有车必有人。

（4）班前 10 小时及班中严禁喝酒。

班前注意休息，班中保持注意力集中，并在列车运行中应保持坐姿端正，不间断地对前方进路进行瞭望，严禁在列车运行期间打盹、闭目养神、看书、聊天等中断瞭望的行为。

（5）进行行车工作联系时，必须采用行车标准用语，统一使用普通话（行车联系内容涉及阿拉伯数字时，按以下数字对应的汉字拼音发音：0（洞）、1（腰）、2（两）、3（叁）、4（肆）、5（伍）、6（陆）、7（拐）、8（捌）、9（玖）。

（6）在对列车车厢进行人工广播时，应首先使用普通话，在广播过程中应保持语调平稳，

---

① 以上：指以上级别人员。

语速适中，音量适宜和吐字清晰。

（7）值乘运营列车期间，严格执行登乘管理规定，严禁私自带人或准许非相关人员进入驾驶员室登乘。

（8）着装规定。

驾驶员值乘时按要求统一着职业工装，佩戴肩章、工号牌、工帽，男驾驶员佩戴领带，女驾驶员佩戴领结（工号牌佩戴于衣服左口袋上方，工号牌的下边沿与衣服左口袋的口袋盖上沿齐平，工号牌的左边沿与口袋纽扣的左边沿齐直）。工作期间，应保持衣着整洁、大方、自然、得体，不卷裤、不挽袖。

（9）言行规定。

在站台立岗时，应站在站台红线外侧，保持立正姿势，两手自然下垂，眼睛平视前方，观看乘客上下车情况，其间不得背手、手插口袋或把手搭在相关设备上，不应做出打呵欠或伸懒腰行为。在站台、站厅等公共区域待乘期间，应注意言行举止，不准大声说话或说笑、追逐打闹、吃零食等。进入客室处理故障时，如受到乘客影响和需要乘客协助时，应礼貌地请乘客予以配合。任何时候，不准与乘客发生言语或肢体上的冲突。工作期间遇乘客上前咨询或投诉时，应礼貌地予以回应，如对情况不清楚或不方便回答时，应建议乘客向站台寻求帮助。着工装乘车期间，应主动给乘客让座，不能出现与乘客抢座位或不让座的行为。

3. 驾驶列车动作标准

（1）列车在运行中，驾驶员应保持坐姿端正，不间断地瞭望行驶前方，左手持对讲机放在工作台，右手置于主控手柄旁。

（2）列车进站时，ATO（列车自动驾驶系统）模式下可以接听行调呼叫，人工驾驶模式下严禁接非紧急呼叫的行调呼叫；发现危及行车安全时，及时采取有效措施。屏蔽门操作员应站在驾驶员座椅后面，呈立正姿势（两脚并拢），眼望前方。

（3）采用 SM（列车自动保护系统监督下的人工驾驶模式）、URM（非限制的人工驾驶模式）、RM（受限制的人工驾驶模式）、PM（受保护的人工驾驶模式）等模式人工驾驶时，不得"急推快拉"，应采取"早拉、少拉"的方式，保持列车平稳运行，集中精神，防止列车紧急制动。掌握好速度，对标准确，避免列车二次启动。

（4）人工驾驶作业规范。

主控手柄的操作标准为：右手握住手柄，紧按警惕按钮，警惕按钮压下后，听到"叭"的一声即为按到位。运行中或动车前用力按压主控手柄警惕按钮，严禁松开该按钮。如瞬间松开（未产生紧急制动）时，迅速按压警惕按钮并将主控手柄拉到制动位，然后再推向牵引区或制动区操纵。如松开警惕按钮超过 3~5 s，则列车产生紧急制动。牵引启动时，应把主控手柄向"牵引"位由小到大缓慢移动，做到启动平缓，严禁快推现象，防止因牵引力突然过大而导致"空转、滑行"。当列车接近规定的速度时，驾驶员应把主控手柄回零，中断继续牵引，一般在列车实际速度低于推荐速度 5 km/h 时，把主控手柄回零。实施常用制动时，手拉手柄在制动区平滑调节，做到早拉、少拉，控制好速度，原则上不得使用快速制动对标停车（特殊情况除外）。适当掌握牵引和制动区 0 点位置，牵引或制动时，做到平稳操纵，防止因主控手柄在"零"位改变列车工况时而带来的冲动。在大坡道上启动时，将主控手柄推至70%~90%牵引位，列车缓解后如出现后溜，只需保持主控手柄在 70%~90%牵引位将列车启动（将主控手柄推至 100%牵引位时，不能有效起动列车）。列车在较大坡道（≥30‰）上制动，接近停车时，驾驶员须采用接近 100%常用制动停车，防止由于列车制动力不足导致列车溜动。

✳ 1.1.4 驾驶员乘务作业程序

驾驶员乘务作业程序如图 1–1 所示。

图 1–1 驾驶员乘务作业程序

1. 出勤

（1）驾驶员按照规定的时间，准时到车厂派班员处登记出勤。

（2）驾驶员出乘时应按规定着装，携带有关证件、行车备品及相关的规章文本，按规定的出勤时间提前到派班室。

（3）驾驶员出勤时认真抄阅运行提示及注意事项。

（4）派班员审核驾驶员手抄的行车指示，符合安全行车要求后，签章交还驾驶员，口头传达有关安全注意事项，并发放驾驶员报单、秒表及《运营时刻表》等行车备品。

（5）驾驶员认真听取派班员的行车指示，做好行车预想，做好行车备品的领用手续。

（6）从车厂离开后，驾驶员需到车厂调度室（DCC），听取调度员传达注意事项，了解列车停留位置及列车技术状态，领取"列车状态记录卡"及一套列车钥匙等行车备品并做好登记，到规定地点完成列车整备作业。

2. 交接班

（1）按接车时间提前到达站台，面向车辆 45°站立，行注目礼，直至车辆进站停稳。

（2）与该列车辆驾驶员核对终到时间、终点站、车辆技术状况等交接事宜。

（3）交接司机钥匙、行车备品、运行提示及注意事项。

3. 列车整备

（1）到达规定的轨道后，确认轨道、车组号与"列车状态记录卡"相符，列车两端无警示标志，列车两侧以及上、下无异物侵限或者无可能侵限的异物。

（2）列车整备前驾驶员须报乘务值班员，并严格按照标准，进行静态检查和动态试验。

4. 交接班后退勤

（1）站台交接班完毕，交班驾驶员在安全线内目送列车安全离站，至换乘室退勤。

（2）交司机报单并汇报运营情况，当班过程中遇处理事故事件时，规范填写事故事件报告单。了解下一班担当列车车次、出勤时间等情况，开交班会。

（3）遇下列情况，不得退勤。

① 不在规定退勤地点时；

② 设备备品不清时；

③ 接班驾驶员未到岗时；

④ 发生车辆故障或行车事件未交接清楚时；

⑤ 会议室及换乘室卫生不清洁时。

5. 库内退勤

（1）按照规定速度驾驶列车回库，在规定的位置停车，抄录公里数，按要求降弓、休眠（特殊情况时除外）。携带时刻表、手持台、主控钥匙、方孔钥匙等物品下车，锁闭司机室门至派班室退勤。

（2）与派班员交接行车备品，交接清楚后回答派班员提问，并在驾驶员手册上签字或盖章，原则上按照列车到达终点站的时间顺序在退勤登记簿签名（因演练等原因影响正常回库时，听从派班员安排）。

序号	实施步骤	实施内容	实施标准
1	查阅资料	各小组成员通过网络、书籍等媒介，查找相关资料	了解奖惩细则的撰写方法，收集奖惩细则中要规定的内容
2	组内讨论	小组内讨论具体内容及奖惩的标准	制定出日常乘务工作奖惩细则初稿
3	组间讨论	通过与其他小组之间的交流，讨论完善本组的奖惩细则	完成日常乘务工作奖惩细则的修改

任务 1.2 制定安全管理奖惩细则

任务名称	制定安全管理奖惩细则
任务要求	熟练掌握驾驶员安全管理的相关规定，完成奖惩细则中有关安全管理方面奖惩细则的制定
任务准备	1. 场地：多媒体网络教室。 2. 资料：当地城市轨道交通运营企业安全管理相关规章制度。 3. 4～5 名学生组成一个奖惩细则编写小组
引导问题	1. 谈一谈你所知道的由于驾驶员安全意识不强引发的行车事故？ 2. 你认为在驾驶员日常乘务工作的各项规章制度中，哪些规定是为了保障驾驶员的行车安全

知识准备

❋ 1.2.1 驾驶员安全操作规程

（1）驾驶员需经正式培训考核取得资格证书方可驾驶。

（2）严禁在酒后、过度疲劳、生病等状态下驾驶。

（3）行车前（出库）驾驶员要按照驾驶员操作规定对车辆各系统进行检查，确定车辆不存在安全隐患，正确开启各系统。开车前注意从后视镜观察，关闭乘客门。听从发车铃声指挥，鸣笛起车。

（4）手指、口呼要规范，必须做到"眼到、手到、口到、心到"，呼唤时做到声音清晰、洪亮；手指时，动作干净、利落。

（5）行车中正确控制车速，正确使用制动，注意感觉异常声响、气味、温度和车辆运行状态，行驶中注意瞭望，正确使用电笛、车灯。在确保安全行驶的条件下，经常注意观察各指示灯及屏幕上显示的数据是否正常，行驶中注意观察轨道电网情况，遇有轨道障碍、道岔错误及电网异常，要及时停车。行驶中遵守信号灯指挥。

（6）到站前注意减速、鸣笛，车停稳后开乘客门。

（7）行驶中出现异常情况，应正确判断、冷静处理，首先及时报告，涉及乘客及车辆安全的情况，应立即停车。紧急情况下车辆断电，首先组织疏散乘客。遇有火情，应使用灭火器急救，并报火警（电话119）。

（8）禁止使用反向运行操作进行车辆制动。

（9）车顶电器出现故障应报告，交由专业技术人员处理。

（10）非紧急情况下，不得使用紧急制动。

（11）雨雪天气使用雨刷器、撒沙器；雾天应该注意观察，控制车速。

（12）驾驶员要会使用灭火器、安全锤、防毒面具。

（13）禁止在禁烟区域吸烟。

（14）收车入库后，应按操作规程正确关闭各系统，实施停放制动；检查各系统连接部位是否松动、损伤；检查是否有漏油、漏气现象；检查旋转部位是否过热，如果有异常，应立即报告。

❋ 1.2.2 安全管理规定

（1）自觉遵守公司有关规定，并做到不超速、不酒后开车、不违规操作。

（2）出收车检查要认真细致，确保车辆性能状况良好，积极配合公司，做好车辆检查，做好出收车记录，保证车辆不带病行驶，发现事故隐患，应及时解决。

（3）保持充沛的精力投入工作，不疲劳驾驶。

（4）出现冒进信号，驾驶员要承担相应的责任，承担相关费用。

（5）负责车辆的驾驶、故障报修及加强危险品的防火、防盗。

（6）负责运营时故障车的救援、缓解及库内倒道作业。

（7）负责轻轨车内的设备、工具和物品的保管。

（8）负责车辆整体卫生的监督检查及驾驶室卫生清扫和维护。

（9）驾驶员交接班和轮乘时，必须在车场站进行换乘（行车调度如有特殊情况除外）。

（10）手指、口呼要规范，开关门时注意观察上下车的乘客不要夹人、夹物。

（11）驾驶员要会使用灭火器、安全锤、防毒面具。

（12）不要在库内、寝室楼、轮乘点私自用电，禁止在禁烟区域吸烟。

（13）驾驶员如违反以上内容或相关规定，要服从公司及乘务段的相关处罚。

❋ 1.2.3 突发事件的预防与事故处理

突发事件是指城市轨道交通运营管辖范围内突然发生，造成或者可能造成员工人身、企业财产、企业形象受损或乘客财产、健康严重受损的事件。分为重大级突发事件和一般级突发事件。

1. 突发事件的分类及分级

突发事件分为3类：运营生产类、消防治安类、自然灾害类。

突发事件分为2级：重大级、一般级。

（1）运营生产类重大级突发事件包括行车大事故及以上事故；一般级突发事件包括行车险性及以下事故或严重影响运营的设备设施故障。

（2）消防治安类重大级突发事件包括在城市轨道交通运营范围内发生爆炸、毒气、恐怖袭击；火势较大，需公安消防队灭火；5人以上聚众闹事，严重影响城市轨道交通运营的事件；一般级突发事件包括在城市轨道交通运营范围内收到爆炸、毒气、恐怖袭击等恐吓信息；火势较小，依靠自身力量可灭火；5人以下聚众闹事，对城市轨道交通运营影响较小的事件。

（3）自然灾害类重大级突发事件包括发生地震、水灾及气象台发布的黑色气候信号等严重影响城市轨道交通运营的事件；一般级突发事件包括气象台发布的白色、红色、黄色气候信号等影响城市轨道交通运营的事件。

2. 突发事件应对工作原则

（1）突发事件应对工作实行以预防为主、预防与应急相结合的原则。

（2）运营企业应建立重大危险源登记档案，对各类危险源进行评估，减少重大突发事件的发生，最大限度地减轻重大突发事件的影响。

（3）抢险组织工作要贯彻"高度集中，统一指挥，逐级负责，先通后复"的原则。

3. 预防与应急准备

（1）严格遵守技术管理、设备管理、安全管理的有关规定，提高设备的质量，加强安全监控力度。

（2）加强员工安全教育，开展突发事件应急救援知识和能力的培训，增强员工对突发事件的防范意识，提高应对各类突发事件的救援抢险能力。

（3）完善应急管理体系，建立健全应急救援队伍，定期组织开展突发事件应急处理相关研讨和演练。

4. 监测和预警

（1）各单位应当根据事件的种类和特点，建立健全危险源基础信息数据库，完善监测网络，划分监测区域，确定监测点，明确监测项目，提供必要的设备设施，配备专职或者兼职人员，对可能发生的突发事件进行监测。

（2）各单位应对监控预警设备设施加强维护检查，确保状态完好，运转正常。

（3）发生突发事件时，应执行相关报告程序，并确保信息渠道畅通。

（4）控制中心（或总调中心）是运营企业突发事件信息收发中心。

（5）报送、报告突发事件信息时，应当做到及时、客观、真实，不得迟报、谎报、瞒报、漏报。

（6）相关单位在接到发生突发事件信息后，应迅速启动相关应急预案，并按规定发布相关信息。

（7）突发事件报告事项如下：

① 发生时间、地点；
② 关系人员姓名、职务；
③ 事故现场情况；
④ 事故概况及原因；
⑤ 人员伤亡情况及设备设施损坏情况；
⑥ 已经采取的措施或是否需要救援；
⑦ 其他应当报告的情况及要求；
⑧ 事故报告后出现新情况的，应当及时补报。

5. 应急处置与救援

企业应建立各级突发事件应急指挥体系，在突发事件发生后，按照突发事件应急指挥体系的规定成立指挥机构。

1）突发事件的应急组织

发生重大级突发事件，应成立突发事件应急领导小组和现场指挥小组；一般级突发事件，只成立现场指挥小组。

应急领导小组由总经理担任组长，各副总经理、党委副书记担任副组长，各单位负责人担任组员。现场指挥小组由相关专业系统主要领导担任现场负责人（现场负责人未到达前，车站由值班站长、车辆段由信号楼（车场）调度员、区间由驾驶员担任，当现场负责人到达后，即由其担任），现场负责人指定各相关专业负责人担任组员。

2）现场处置原则

发生突发事件时，各单位均应积极合理地调动人力、物力投入抢险，采取有效措施控制事态、减少损失，防止事件扩大，尽快开通线路，恢复运营。抢险单位在接到控制中心关于发生突发事件的报告后，相关事故救援抢险队应立即出动赶往事故现场。

（1）实行高度集中、统一指挥的原则，各单位要听从指挥和分工，各司其职。

（2）抓住主要矛盾，先全面、后局部，先救人、后救物，先抢救通信、供电等要害部位，后抢救一般设施。

（3）在确保安全的前提下，应尽快开通线路，恢复运营（含局部线路）。

3）突发事件应急领导小组工作的开展

根据突发事件应急处理的需要，突发事件应急领导小组有权紧急调集人员、储备的物资、交通工具以及相关设施设备；必要时，对人员进行疏散或者隔离，并可以对相关区域实行封锁。

突发事件所涉及的主要设备单位或运营指挥单位负责人中有先到达者，领导小组即开始组织指挥工作。领导小组成员按照组内临时分工开展工作，指定专人与控制中心保持联系，确保信息畅通，并按照《行车组织规则》的相关规定开展现场指挥、处理工作。

（1）突发事件应急领导小组组长到达事故现场后，应了解事件的现场情况，迅速查看事故现场，确定影响范围，根据预案的规定，开展突发事件应急工作。在不能即时恢复正常运营时，由相关专业负责人立即对现场情况进行评估，迅速向控制中心提出行车限制要求。（包括是否限速、停止运营及安全注意事项等）。

（2）突发事件应急处理应当按照相关应急处理预案规定进行处理，当事件发生变化和在实施抢险中发生其他问题时，应及时调整应急措施。如发生的事件在预案之外，由突发事件应急领导小组组长根据现场情况组织、制定临时抢险方案并实施。

4）现场作业纪律

（1）抢险方案确定前，各单位抢险队到达现场后，要在指定位置待命，抢险队负责人尽快掌握现场情况，并领受任务。

（2）车站员工及保安负责疏散乘客，维护现场秩序。

（3）突发事件应急领导小组成员不得远离现场指挥部。

（4）突发事件应急工作方案的实施由专业抢险队负责，救援组织由抢险队负责人负责，其他人不得向正在进行救援的人员下达命令。

（5）实施方案的变更，须经突发事件应急领导小组或现场指挥小组批准。

6. 运营组织原则

（1）控制中心应与现场指挥加强联系，随时了解现场情况，组织具备运行条件的区段维持运营。

（2）相关各调度应按相关预案规定做好本职工作，尽快了解现场情况并迅速上报，现场情况一时无法判明时，也应将所能了解到的情况先行报告，详细了解后再行续报；根据现场情况，正确及时地发布突发事件应急命令；协助现场处理有关事宜。

（3）车站、驾驶员应与控制中心加强联系，及时执行行调命令，组织本站人员做好本站客运组织、票务组织和乘客服务，利用广播加强宣传，稳定乘客情绪。

（4）封闭的车站或事故现场，除有关救援人员外，其他人员一律不得进入。

（5）在车站或现场的城市轨道交通员工，要服从现场指挥人员的统一指挥，并积极协助，尽一切能力参与突发事件应急处理工作。

7. 应急保障

（1）照明保障

当列车在隧道内发生行车故障或其他设备故障，必须在现场进行抢修时，应急抢险队应确保现场应急照明及专用照明正常。

（2）通风保障

发生突发事件时，应确保相关区域送排风系统正常运转。

（3）通信保障

通信中心应确保通信设备设施正常运转，相关人员必须确保 24 小时通信畅通。

（4）紧急付款

当发生突发事件需紧急付款时，经突发事件应急领导小组组长同意后，按有关财务规定操作。

（5）车辆保障

当发生突发事件需地面交通支援时，应随时做好车辆准备，以满足救援抢险需要。

8. 事后恢复与重建

（1）突发事件的威胁和危害得到控制或消除后，突发事件应急领导小组应终止所采取的应急救援措施，同时继续实施必要的预防措施，防止发生次生、衍生事件。

（2）突发事件应急处置工作结束后，应当立即组织人员对突发事件造成的损失进行评估，并制订重建计划。

9. 事故调查

突发事件应急处置工作结束后，应及时查明突发事件发生的原因，总结经验教训，制定改进措施，并按规定进行汇报。

 1.2.4　行车事故（事件）分类

1. 特别重大事故

行车事故造成以下后果之一的，定性为特别重大事故。

（1）直接经济损失 1 亿元以上。

（2）造成人员死亡 30 人以上，或重伤 100 人以上。

2. 重大事故

事故造成以下后果之一，且不属于特别重大事故的，定性为重大事故。

（1）直接经济损失 5 000 万元以上。

（2）死亡 10 人以上 30 人以下，或重伤 50 人以上 100 人以下。

3. 大事故

事故造成以下后果之一，且不属于重大事故的，定性为大事故。

（1）直接经济损失 1 000 万元以上；

（2）死亡 3 人以上 10 人以下或人员重伤 10 人以上 50 人以下。

（3）单线全线停运 3 小时或区间停运 6 小时以上的。

4. 一般事故

符合下列条件，情节恶劣且不构成大事故的，定性为一般事故。

（1）直接经济损失在 10 万元以上 1 000 万元以下的。

（2）死亡 3 人以下，或重伤 10 人以下的。

（3）正线全线停运 60 分钟以上，区间停运 120 分钟以上的。

（4）未造成人员伤亡，财产损失较小，影响运营时间超过 40 分钟的责任交通事故。

（5）运营期间，全线中断自动售票 30 分钟以上或 3 个及以上车站中断自动售票 60 分钟以上。

（6）擅自切除 ATP 或超速运行（技术限速）。

（7）列车、机车车辆冒进禁行信号。

（8）列车冲突、分离、脱轨、挤岔或行驶中部件脱落，影响行车及运营安全的。

（9）列车机车车辆擅自退行、溜逸和未及时撤除防溜措施动车。

（10）向占用区间、区段或未准备好的进路错接发列车。

（11）轨道交通地下单个运营车站各种照明（含应急照明）全部熄灭。

（12）未经施工审批负责人或调度员批准，擅自摇动道岔或拆卸道岔设备。

（13）供电系统操作中发生错误送电，未造成严重后果的。

（14）带电车辆误进非供电区，未造成损失及人员伤害的。

（15）未按规定申请动火令而进行动火作业。

（16）错误执行调度指令或不按调度指令行车的。

（17）无施工计划或调度命令施工、超范围施工作业或擅自变更施工作业内容的，未办理延时申请，拖延时间继续施工的。

（18）各类设备安装、维修不符合相关技术标准，威胁运营安全的。

（19）轨道行区内应撤除的设备、物料、标志、垃圾未及时撤除，影响行车及客运服务秩序的。

（20）未办理申请手续，进入正线或辅助线轨道行区的。

（21）事故（事件）处理时不执行调度员或现场指挥人员指令的。

（22）作业不按时清销点的。

（23）车辆、设备、机房、办公用房、车站、轨道交通管辖商铺发生火灾，未能及时自救扑灭，对正常秩序造成影响，未造成人员伤亡及重大财产损失的。

（24）由于设备设施存在问题或工作人员操作不当，而导致乘客受伤所产生的相关费用达到 20 000 元以上或情节极其恶劣的。

（25）严重违反操作规程、安全规程，影响行车安全，危及乘客及工作人员人身安全的。

5. 小事故

符合以下条件之一，不构成一般事故的，定性为小事故。

（1）直接经济损失在 1 万元以上的。

（2）正线全线停运 40 分钟或区间停运 60 分钟以上的。

（3）无人员伤亡，财产损失较小的责任交通事故。

（4）单站低压供电失压，导致机电系统停运的。

（5）客运车辆错开门或车外夹人、夹物行车，造成人员伤害的。

（6）运营期间，单个地下车站动力照明全部熄灭（应急照明正常）。

（7）非运营线车辆脱轨，影响正线运营的。

（8）车辆超限及各类设备设施侵限。

（9）行车指挥通信联络中断，影响行车。

（10）载客车辆在隧道等能见度较低区域时，发生故障，导致全车无照明，造成乘客恐慌。

（11）正线给水、消防系统出现故障，主管爆裂，或排水不畅导致线路积水漫过轨面。

（12）供电系统操作中发生漏送电、错停电，或非正常单边供电。

（13）因房屋、隧道漏水，没在规定时间内处理，影响变电、通信、信号及 AFC（自动售检票系统）设备的正常使用。

（14）客运区域应撤除的设施设备、物料、标志未及时撤除，影响行车及客运服务秩序的。

（15）无调度指令时，未站停或站停未开门致投诉或客伤的。

（16）车内夹人（肢体）或夹物行车或行车导致客伤的。

（17）系统数据记录未按规定存储或数据丢失，造成后果的。

（18）因工作人员个人原因，造成自动消防设施误喷或报警。

（19）运营期间，单个车站进站闸机或出站闸机全部故障 30 分钟以上的。

（20）未按要求在现场作业区域设置安全防护措施，如施工人员未按规定穿着荧光衣、没设围栏、红闪灯或带红白相间条纹的反光标志（牌）、工作区域未安排专人瞭望及防护的。

（21）作业现场不按用电管理规定，存在私拉乱接、擅自使用超负荷的电器设备。

（22）各类设备设施异常，造成人员轻伤害的。

6. 事故苗头

凡在运营生产中，因违反规章制度、违反劳动纪律或其他原因造成设备损坏，影响正常行车或危及行车安全，造成下列后果之一的，为事故苗头；或者虽未造成损失，但违章行为性质严重，经安全管理部门认定为事故苗头。

（1）错发、错传、漏发、漏传调度命令，未影响列车运行。

（2）车辆、设备、机房、办公用房、车站发生起火冒烟险情。

（3）非客运列车溜车。

（4）运营期间，设施、备品脱落或掉下站台、隧道，未影响运营秩序的。

（5）单个车站环控系统发生故障停机连续 24 小时以上。

（6）单部车辆行车通信联络中断，未影响行车。

（7）信号升级显示有误，未造成后果的。

（8）应停客运列车未停站，通过或超过停车标擅自处理，未造成不良影响的。

（9）无调度指令时，未站停或站停未开门。

（10）运营期间，正线及其辅助线走行轨断裂，未造成严重后果的。

（11）FAS（火灾报警系统）系统或气体灭火系统发生故障，未及时通知维修部门或维修部门处理不及时，未采取相应措施的。

（12）超速运行（安全限速）。

（13）客运列车车门发生故障无法关闭，且无安全措施动车。

（14）未验电即挂地线，未造成后果的。

（15）动火作业现场无防范措施或措施不足以防范火灾的发生。

（16）无特种作业操作证操作相关设备，或违反安全操作相关命令，未造成经济损失或人员伤害的。

（17）客运列车车门夹人行车、错开车门、运行途中开门、车未停稳开门，未造成人员伤害的。

（18）系统数据记录未按规定存储或数据丢失，未造成后果的。

（19）外单位在作业过程中影响分公司工程车、电客车运行或其他设备设施运行，造成安全隐患的。

（20）其他性质严重、影响恶劣，但未造成损失的事件。

7. 运营事件

根据事件造成的影响和损失，将运营事件分为三个等级。

（1）A级

正线行车（上下行正线之一）中断 30 分钟以上 1 小时以下。

（2）B级

运营延误 15～30 分钟。

（3）C级

运营延误 5～15 分钟。

序号	实施步骤	实施内容	实施标准
1	查阅资料	各小组成员通过网络、书籍等媒介，查找相关资料	收集奖惩细则中要规定的内容
2	组内讨论	小组内讨论具体内容及奖惩的标准	制定出安全管理奖惩细则初稿
3	组间讨论	通过与其他小组之间的交流讨论，完善本组的奖惩细则	完成安全管理奖惩细则的修改

拓展任务 1.3　分析事故案例

警钟长鸣！学习、吸取他人事故的教训，总结提高自己的能力，是个人最好的财富。现收集 2008—2010 年发生的部分案例，每一个案例由事件概况、原因分析、防范措施三部分组成，学习时结合规章要求，思考分析业务素质、工作责任心、安全意识对运营安全的影响。

❋ 1.3.1 安全事件类

案例1 某地铁列车车门故障造成晚点事件

1. 事件概况

2010年9月27日9:19，某地铁线0905次①（1112车）站台关车门时，出现单个车门故障，驾驶员重新开关车门后故障仍然存在。驾驶员马上联系行调，同时播放临时停车广播，安抚乘客，但连续呼叫行调三次，行调均没有应答。驾驶员通知车控室转接行调，并离开驾驶室赶到现场处理，同时用无线手持台将情况告诉行调。

9:23，驾驶员到达2C012车13/15车门处，将该车门切除，返回驾驶室关门，但故障仍然存在，驾驶员意识到可能错切车门，便再次从车辆屏上确认，发现故障车门应为2B012车13/15车门，于是到2B012的13/15车门处，检查门槽内没有异物后，手动将车门关闭，但关闭后两扇车门之间存在约1 cm的缝隙，此时站台岗有三名工作人员到现场进行协助，在站台上与驾驶员一起推动门页，试图将车门关闭，但反复尝试推动三次，故障仍然存在。驾驶员再次检查门槽，未发现异物，便将该车门切除，切除后发现门指示灯黄灯、红灯同时亮起，故障车门仍然不能完全关闭，反推时，两门页可以推开，驾驶员便将切除的车门恢复。此时驾驶员发现车厢内没有播放临时停车广播，便返回驾驶室播放广播。站台人员继续尝试手动关闭车门。

9:28，车站人员将故障车门手动关好，用对讲机呼叫驾驶员，但由于驾驶员与行调正在通话，没有听到站台呼叫，车控室安排一名站务员留在故障车门处进行监控。驾驶员与行调联系完毕，播放了临时停车广播后，重新到现场故障车门处，发现车站工作人员已将故障车门关好，并且车厢内有一名站务人员监控车门。

9:31，驾驶员返回驾驶室关门，确认关门灯亮后动车。列车晚点12 min开出。

2. 处理分析

（1）驾驶员在单个车门故障时，错误确认故障车门位置，切错车门，导致故障处理时间延长。

（2）无线手持台信号不稳定，通信过程中出现联系不上的情况，导致汇报与联系的时间增长，晚点时间增加。另外，在故障发生时，因上行出站的S2505信号机绿灯灭灯（现场显示红灯），行调组织各次列车越灯，出现占线的情况，使驾驶员不能及时联系到行调。

（3）OCC（地铁运营控制中心）指导驾驶员未能有效地进行信息汇报，使在该站值班的列车队长和部门相关人员均未能及时接收到故障信息。

（4）车控室在知道车门故障信息后，马上安排三名站台岗到现场协助处理，并且成功协助驾驶员将故障车门复位。在故障车门状态不稳定的情况下，安排一名站台岗在车上监控，为故障应急处理提供了帮助。

3. 防范措施

（1）OCC指导驾驶员及正线轮值要及时了解现场动态，发现异常，应及时介入，提供技

---

① 次：×××次列车的简称，后续00102次、01216次同此。

术支援，及时跟踪、反馈事件信息。

（2）各乘务分部根据自身线路车辆的特点，优化车门故障处理流程，做到准确判断，灵活处理，驾驶员已配置手持台的线路，在需离开驾驶室到现场处理故障时，可以边前往故障地点，边与行调联系，提高故障处理的效率。

（3）驾驶员到站台处理故障时，车站人员与驾驶员做好联系，相互配合，减少车辆设备故障对运营服务的影响。

案例 2　列车转换轨 1 道救援事件

1. 事件概况

2009 年 6 月 11 日 23:20，2723 次列车在转换轨 1 道停稳，驾驶员按规定转 cut-out（非限制人工驾驶模式）模式后，列车无法动车，车辆屏显示"牵引封锁/激活故障"。驾驶员先后向行调申请打开安全回路旁路、降级模式尝试动车不成功，并且出现后溜现象。23:23，车厂调车班驾驶员在派班室接到车厂调度通知：到 L-12A 道 03038 备用车准备救援。23:35，信号楼经行调同意，授权 672 次列车与故障车连挂。672 次列车驾驶员与故障车驾驶员联系确认做好防溜后进行连挂，并试拉成功。672 次列车驾驶员换端到 03A038 端，动车时出现后溜，驾驶员马上制动列车，连续两次以 100%牵引尝试动车，但仍只能动一下并再次出现后溜。672 次列车驾驶员报告行调，申请用救援模式动车。23:45，672 次列车回厂停稳。

2. 处理分析

（1）行调在故障发生 10 min 后才向故障车驾驶员发布救援命令，延误了救援时机。

（2）行调决定救援时，没有考虑到在 30‰的坡度进行救援时连挂的危险性。

（3）救援列车驾驶员不清楚在 30‰的坡度救援时，要把模式开关打到救援位才能动车，导致列车两次发生后溜现象，存在极大的安全隐患。

3. 防范措施

（1）在故障情况下，明确由哪一个行调向救援列车发布命令后，立即向故障列车发布救援命令，值班主任可根据实际情况对发令人临时分工。

（2）在长大坡道进行救援时，原则上救援列车向上坡方向进行救援。

（3）组织全体地铁列车驾驶员学习该起救援事件，强调列车在 30‰的坡度上进行救援时，运行模式选择开关必须打到救援模式，加强培训。

✿ 1.3.2　事件苗头类

案例 1　道岔开通位置不正确，命令动车事件

1. 事件概况

2009 年 4 月 21 日晚，某地铁线施工作业内容为隧道结构巡检。2:38，现场 572 次工程车驾驶员呼叫行调："572 次在站台停稳，请求排路进入折返线。"行调回复："进折返线的进路已准备好，道岔已单独锁定，驾驶员凭封锁命令动车，动车时注意加强瞭望。"572 次动车后，

驾驶员发现前方道岔位置不正确，立即采取紧急停车措施。2:47，行调与 572 次驾驶员确认工程车未越过位置不正确道岔，通知驾驶员原路返回站台。3:05，行调准备好站台至折返线进路，通知 572 次驾驶员动车作业。

2. 处理分析

（1）行调违反了《行车设备维修施工管理规定》和《控制中心行车调度手册（4.0）》等相关规定，未确认道岔位置是否正确，即指挥驾驶员动车，作业时，没有执行工程车开行、调度员排列进路、操作安全相关命令等双人确认制度，是造成本次事件发生的主要原因。

（2）行调违反了《控制中心行车调度手册（4.0）》的规定，当班期间没有关注施工关键环节，对工程车运行进路没有进行确认，在对道岔进行单独锁定时，没有进行双人确认，是造成本次事件发生的次要原因。

（3）值班主任对班组员工管理不到位，对班中重点作业环节、动车条件、行调排列进路和执行双人确认制度监控不到位，是造成本次事件发生的次要原因。

3. 防范措施

（1）工程车在封锁区域内作业，原则上进路的道岔不能动，若因作业确需转动道岔时，应按调车办理，进路准备时，行调能排列进路的，由行调排列；行调不能排列进路的，行调通知车站办理，并确认进路排列情况。

（2）行调应严格按调度手册的要求执行，对于封锁区域内的工程车及调试列车的进路，在没有特殊要求时，应在封锁命令下达前，开通一条通往封锁区域两端边界的进路，让工程车及调试列车能在封锁区域内往返运行，避免在封锁区域内分段行车。

（3）严格执行调度员双人确认制度，确保安全防护措施落实到位。

（4）值班主任应尽到班组长的职责，对调度各项制度的执行要监控到位，并加强对调度安全重点环节的监控力度，一旦发现调度没有严格按规章执行的情况，要及时制止和纠正。

案例 2　轨道遗留异物事件

1. 事件概况

2010 年 11 月 28 日 6:35，00102 次驾驶员报行调：列车进站时，听到 A010 端右侧车底转向架传出两声"砰砰"的异响，请行调组织工建人员登乘列车，观察线路有无异常。8:40，经过工建人员多番观察，发现该进站处右侧轨道轨面处（车站站台 4#屏蔽门对应广告灯箱下方轨面）有类似手套的异物。9:28，行调通知车站派人员在现场待令，听行调指挥下线路。期间工建负责人要求车站配合做好防护，并让其下线路拾起异物。值班站长向工建人员多次重申要等行调命令。9:35，00506 次进站，在离端墙约 100 m 时，工建负责人抢过值班站长手中的信号灯，向驾驶员显示停车信号，并指挥另一名工建人员下线路拾异物。00506 次驾驶员发现端墙有人显示停车信号，并且有人跳下线路跑到轨道，驾驶员立即制动列车并报行调。9:35，工建人员出清线路，值班站长确认人员安全后，马上报车控室，并将工建负责人未经行调同意派工建人员下线路的情况报行调。9:37，00506 次再次动车进站停稳。

2. 处理分析

（1）经查看录像发现，当晚施工人员出清时，部分人员未完全履行施工配合人职责。

（2）车站值班站长虽按运营前检查程序步骤进行检查，但未能及时发现线路上遗留的物品，运营前检查不够仔细。

（3）从运营开始至事件处理结束时，经过异物处的各次列车驾驶员，尤其是第一趟压道车驾驶员瞭望不认真，未能及时发现线路轨道上有异物。

（4）车站人员属地管理意识不强，值班站长对工建人员擅自进入端墙门，抢夺信号灯给驾驶员停车信号，未经行调允许、未做好防护措施就下线路等严重违章行为，没有采取果断措施予以制止。

3. 防范措施

（1）对于需车站配合的施工，各站必须严格履行施工配合人职责，销点前，应由值班站长到现场检查和确认施工出清后才允许销点。

（2）各部门必须严格落实运营前的检查要求，检查时必须认真、细致，及时消除存在的行车安全隐患。

（3）驾驶员在驾驶过程中必须认真瞭望行车进路，认真确认信号、道岔及线路情况，第一趟压道车的驾驶员尤其应提高警惕，发现异常时应及时采取措施处理，避免事件扩大。

（4）车站员工必须树立属地管理意识，坚决制止各类人员违章作业。

✳ 1.3.3　一般事件类

案例 1　高架线路围网侵限与列车碰撞一般事件

1. 事件概况

2009 年 7 月 18 日 18:47，台风较大，天气恶劣，某地铁高架线上行 K45+900 处发生 00718 次撞上飘进线路的护栏事件，挡风玻璃破裂；行调向各次列车驾驶员通报情况，组织各次列车限速运营；18:51，行调通知上行的 01216 次列车驾驶员由值班站长添乘，因为前方有列车在 K45+900 附近，由于护栏打开，列车撞上护栏，要求驾驶员与值班站长一起处理，驾驶员在 K45+400 处限速 25 km/h 运行，但未将此信息告知登乘的值班站长。01216 次以 ATO 模式运行，但在 18:58 也撞上护栏，列车玻璃被撞碎。

当值行调接报 00718 次碰撞异物的事件情况后，错误推算限速区段起始里程，导致向驾驶员发布的限速命令中限速地点不正确，01216 次驾驶员没有发现起始限速里程与围网侵限点里程的矛盾，在恶劣的天气条件下依然采用 ATO 模式驾驶列车，没有控制列车速度，造成这起一般事件。

2. 处理分析

（1）当值行调接报列车碰撞异物的事件情况后，错误推算限速区段起始里程，导致向驾驶员发布的限速命令中限速地点不正确，当值值班主任没能发现并纠正，没有起到安全互控、监督的作用，导致事件影响进一步扩大。

（2）01216 次列车驾驶员在接到行调限速命令后，没有发现起始限速里程与围网侵限点里程的矛盾，在恶劣的天气条件下依然采用 ATO 模式驾驶列车，没有控制列车速度，也没有采取有效措施在侵限围网前将列车停下，导致事件影响进一步扩大。

3. 防范措施

（1）当风力达到八级时，高架和地面线路采用人工驾驶模式，列车以不高于 60 km/h 限速运行。

（2）在台风等恶劣天气条件下，一旦发生设备侵限等异常情况，控制中心要沉着、冷静处理，及时掌握事件信息并告知各相关部门及岗位，第一时间通知后续列车驾驶员，再向全线列车驾驶员发布事件信息。控制中心要重新检查突发事件时的应急处理流程，在确保安全的前提下，合理安排行车。

 1.3.4　险性事件类

案例 1　1326 次列车区间溜逸险性事件

1. 事情经过

2008 年 7 月 23 日 21:24，1326 次（2728 车）学员在驾驶员的监控下以 SM 模式进站后，驾驶员按压"左门开"按钮后车门无法打开，进司机室发现"左门开"按钮指示灯不亮，认为无开门使能信号，按压强行开门按钮给出开门使能信号，但左门开指示灯还是不亮。

21:27，1326 次驾驶员关钥匙后，切除 ATP，左门开指示灯仍不亮。

21:29，1326 次驾驶员报行调切除 ATP 后，仍然不能开门。行调问驾驶员是否对准停车标，驾驶员回答列车已经对准停车标。行调命令驾驶员使用继电器开门。

21:30，1326 次驾驶员到客室打开设备柜后，用钥匙按压 8K01/8K07 继电器，车门仍不能打开。

21:30，行调命令 1326 次驾驶员解锁车门，清客并与车站联系，驾驶员做好清客广播后，解锁了 1A28 车的 2 个车门，此时车站值班站长通过驾驶室进入列车车内，解锁紧急开门手柄手动开启车门，前两节车厢因乘客比较多，每节车厢手动开启两个车门，其他每节车厢开启一个车门，共解锁 8 个车门疏散乘客 800 人左右。

21:30，行调命令后续 2410 次（3738 车）清客待令，驾驶员按命令执行。

21:32，行调问 1326 次驾驶员清客情况，驾驶员回答没有清客完毕；行调命令驾驶员清客完毕后，打车门旁路动车退出服务。

21:32，车站行车值班员通知值班站长及车站全体员工，列车晚点延误信息，延误时间 15 min 左右。行车值班员播放延误自动广播。车站安排人员在边门处引导乘客如何处理手中的单程票以及已经刷卡进站的羊城通，通知客运值班员协助做好退票工作以及向乘客解释的工作。

21:33，1326 次驾驶员清客完毕后报行调。

21:33，行调命令后续 2410 次改开 602 次担当救援任务；以 ATO 模式到达故障车前自动停车后，做好救援连挂准备工作。

21:34，1326 次驾驶员报列车关不了门，行调命令驾驶员按压强行开、关门按钮。

21:34，602 次以 ATO 模式动车，自动停车后，转换 RM 模式运行到离故障车 1 m 处短暂停车。

21:36，行调询问 1326 次驾驶员动车没有，驾驶员报正在尝试动车；行调命令其如能动车，就沿途不停站，退出服务。驾驶员按命令执行，因当时列车已切除 ATP，就操作了车门旁路 2S13，当时司机台旁路指示灯亮。

21:36，602 次救援列车驾驶员使用对讲机联系故障列车驾驶员，但无应答。

21:37，1326 次驾驶员发现旁路车门后，推牵引手柄，列车出现保压制动不能缓解，4 个 DCU 中等故障，驾驶员将方向手柄回 "0"，重新牵引一次，仍然不能动车，驾驶员马上报行调。

21:37，行调决定救援，此时值班站长上车给 1326 次驾驶员提供了另一把方孔钥匙，驾驶员和学员一起去切 B09（未施加停车制动），驾驶员切除了 1A28、1C28、1B27 车的 B09 后，返回 1A28 司机室报告行调，列车已切除 B09；学员切除了 1B28、1C27、1A27 车的 B09，跟随驾驶员返回 1A28 司机室。

21:41，行调询问救援列车 602 次驾驶员连挂好没有，救援列车驾驶员说未见到故障车驾驶员，未清楚故障车的防护情况。

21:42，1326 次驾驶员到达 1A28 司机室，报告行调已切完 B09；行调命令开行 602 次，与救援车驾驶员做好连挂后，推进运行回厂。

21:43，1326 次列车发生向前溜动并加速，但 1326 次驾驶员误认为列车已经连挂并在被推进运行中，未采取任何停车措施。

21:43，602 次驾驶员发现前方故障车，以 3 km/h 的速度向前移动，驾驶员马上报行调。

21:44，行调问故障车驾驶员现在列车是什么样的状态，故障车驾驶员回答后面的车推进运行，其在前面监控。

21:45，行调询问故障列车连挂情况（故障列车驾驶员反馈当时列车移动的速度达到 15 km/h）时，命令驾驶员马上制动列车，驾驶员马上施加停车制动，并恢复 1A28、1B28 车的 B09。

21:46，行调问故障列车停车没有，驾驶员回答已经停车。行调随后命令驾驶员恢复三节车 B09 后，限速 30 km/h 退出服务。驾驶员回复行调是否再恢复两个 B09，行调又重新命令驾驶员只恢复（列车）两个 B09 后限速 25 km/h 退出服务。

21:47，行调要求 602 次驾驶员进长寿路上行站台，不开门待令。

21:49，行调问故障车驾驶员动车没有，驾驶员报列车出现 4 个 DCU 严重故障，不能动车。行调命令故障车驾驶员切除车上的 B09，到后端与救援车驾驶员做好连挂后报行调。

21:51，行调命令 602 次驾驶员动车担当救援任务。

21:53，连挂完毕后，故障车驾驶员换端，切除 1A28、1B28 车的 B09。

21:55，行调到达 1A28 司机室，指挥救援车驾驶员动车。

2. 事件分析

1）列车故障处理方面

（1）列车故障信息未做交接。1326 次列车（27+28）"左门关"指示灯不亮的故障情况在 1324 次列车上已出现，但 1324 次驾驶员未做好交接，造成 1325 次列车驾驶员也没有交接给 1326 次驾驶员。

（2）1326 次列车驾驶员未认真查阅"列车状态记录卡"。1324 次列车驾驶员已将"左门关"指示灯不亮的故障信息填写在"列车状态记录卡"，但 1326 次列车驾驶员本人未查阅，造成不清楚该列车有此故障。

（3）1326 次列车以 SM 模式运行到长寿路时，由学员负责驾驶，由驾驶员负责开门，没有执行驾驶列车、开门等作业程序由同一人操作的规定。

（4）1326 次列车驾驶员在长寿路站开门时，没有按压 1A28 左侧开门按钮，造成该列车左侧车门未打开（列车回厂后，按压 1A28 左侧开门按钮，该列车左侧车门能正常打开）。

（5）1326 次列车驾驶员发现左侧开门灯不亮时，没有按压试灯按钮，误认为没有开门使能信号，造成按压强行开门按钮和切除 ATP 都不起作用，一直未按压开门按钮尝试开门。

（6）1326 次列车驾驶员切除 ATP 后，多次按压强行开门按钮（强行开门按钮只有在具备 ATP 功能的情况下才有效），反映了该驾驶员缺乏车辆基本业务知识。

（7）1326 次列车驾驶员采用操作继电器的方式开门时，错误操作了继电器（回厂后要求驾驶员用继电器开左门时，其错误按了下一行的 2K03 继电器）。

（8）1326 次列车驾驶员操作车门旁路尝试动车，但未实现。

2）列车救援方面

（1）1326 次列车驾驶员在切除 B09 时，未按规定（切除五节车的 B09，保留连挂端 A 车 B09）由本人完成，而是擅自安排学员前去切除 B09（其本人未做监督），造成在没有连挂前，将最后一节车的 B09 也切除，驾驶员也没有按规定到达 1A27 端指挥连挂，而是返回了 1A28 端。

（2）当学员切除 B09 返回 1A28 端，告诉驾驶员已切除完 B09 时，驾驶员没有意识到连挂端 A 车的 B09 已被切除，没有意识到学员所做的与其最初安排的事项有差别。

（3）1326 次列车溜逸后，驾驶员没有意识到该车未与救援列车连挂，自己也没有给出动车指令，误认为列车已连挂后被推进运行。

（4）在 1326 次列车溜逸过程中，行调询问驾驶员情况时，要求驾驶员停车，驾驶员还是认为故障车是被推进运行，没有意识到列车已在溜逸。

（5）行调组织第二次连挂时，驾驶员也没有到 1A27 端指挥连挂，而是在学员通知和行调要求下，才由 1A28 端前往 1A27 端指挥连挂。

（6）车站在救援信息发布后，发现列车有移动，只简单报行调"被连挂的列车没关车门，现在已经动车"，没有将救援列车还停留在站外的信息一同上报，造成信息失真。

3. 整改措施

（1）控制中心安排值班驾驶员指导现场驾驶员有效处理车辆故障，为控制中心值班主任提出专业（车辆、信号）咨询以及提供处理建议（是否救援、退出服务等）。

（2）乘务分部两周内组织对所有列车驾驶员进行救援和故障处理培训。

（3）乘务分部对"列车状态记录卡"的交接要严格管理，要求接班驾驶员必须认真查阅"列车状态记录卡"的内容，并与交班驾驶员交接清楚。

（4）当列车救援时，故障列车驾驶员必须到达连挂端指挥连挂，以提高连挂的效率与质量。

案例2　列车夹人动车险性事件

1. 事件经过

1）驾驶员处理经过

2008年9月29日10:13，驾驶员××值乘2202次（3940车）列车站台作业，开门后约20 s，驾驶员见乘客已基本上下完毕，DTI（发生表示器）时间显示为"0"后，关车门、屏蔽门，驾驶员站在屏蔽门与车门缝隙之间确认车门上方指示灯全灭，司机室内关门灯亮，确认当时间隙内没人，但看到屏蔽门没关好，就站在红线外确认屏蔽门状态，看到后端有一个屏蔽门上方指示灯亮，随后屏蔽门关好后，驾驶员呼"屏蔽门关好"，进入驾驶室。

10:14，驾驶员在进入驾驶室时，没有看清楚间隙内是否有人，进入驾驶室确认站台安全后，以ATO模式动车，刚按下ATO按钮，就听见对讲机有人叫驾驶员，当时没有听清楚，之后就听到叫驾驶员停车，驾驶员马上拉快制（出站约20 m），随后列车产生紧急制动，列车停车后离开站台约90 m，驾驶员播放临时停车广播，并用对讲机呼叫站台了解情况，当时车站无人回应，对讲机里声音较嘈杂，驾驶员马上联系行调，行调命令驾驶员待令。

10:17，行调通知驾驶员以RM模式动车，收到速度码后恢复ATO模式运行，驾驶员按行调命令执行。

2）车站经过

10:12，2202次列车进站，站台岗××在上行线10号屏蔽门（上行紧急停车按钮处）接车。

10:13，2202次站台停稳，正常打开车门、屏蔽门上下客，约20 s后关车门、屏蔽门。

10:13，站台岗发现9～10号屏蔽门有乘客抢上、抢下，于是到9～10号屏蔽门拦乘客（当时拦截住一名老年女乘客），当走到7号屏蔽门位置时，见到有一名老伯夹在车门与屏蔽门中间（当时车门及屏蔽门已经关闭），站台岗用对讲机呼叫驾驶员"驾驶员请重新开车门、屏蔽门，有人夹在车门与屏蔽门中间"，驾驶员没有应答，站台岗再呼驾驶员"请不要动车，有人夹在车门与屏蔽门中间"，呼叫了几次驾驶员，驾驶员没有反应。

10:13，站台岗见呼叫驾驶员没有回应，列车动车，于是在站台显示紧急停车手信号。

10:13，行车值班员××听到站台岗用对讲机叫驾驶员不要动车，行车值班员马上叫驾驶员不要动车并询问站台岗什么事，站台岗说："有乘客在车门与屏蔽门中间"。此时，驾驶员已经动车，协助岗值班站长通过对讲机听到此信息后，立即按压紧急停车按钮。

10:13，行调电话询问车站为什么按压紧急停车按钮，行车值班员汇报："7号屏蔽门与车门中间夹有乘客，驾驶员已动车"。同时，将此事通知值班站长。

10:14，列车尾部越过站台中部，站台岗马上按压了紧急停车按钮。

10:14，行车值班员通知值班站长立即到站台。

10:15，站务人员找到一名目击证人。

10:15，值班站长到达站台后，发现掉下轨道的乘客在7～8号屏蔽门之间对应的轨道旁。

10:15，值班站长与两名站务员一起手动打开7号屏蔽门，下轨道处理。

10:16，将乘客从轨道扶起，通过上行站台尾端端墙门回到站台，线路出清，取消紧急停车信号并报行调。

10:17，站台岗向2202次显示"好了"手信号，2202次动车。

10:32，报"120"急救。

10:42，"120"医护人员到站。

2. 处理分析

（1）驾驶员在关车门过程中，没有认真确认车门与屏蔽门之间的间隙是否安全就盲目动车，是造成本次事件的主要原因。

（2）站台岗发现车门与屏蔽门之间夹人用对讲机通知驾驶员时，驾驶员没有认真监听对讲机，也没有留意站台的情况，只是听到有人呼叫驾驶员，驾驶员没有采取措施，臆测动车，是本次事件发生的次要原因。

（3）站台岗发现车门与屏蔽门之间夹人时，没有第一时间采取有效措施（按紧急停车按钮），是本次事件发生的一般原因。

（4）车控室行车值班员在监听到对讲机"车门与屏蔽门之间夹人"的信息后，没有第一时间按压紧急停车按钮，而是通过 CCTV（电视监视器）发现列车动车后，才按压紧急停车按钮，没有有效地防止本次事件的发生。

3. 整改措施

（1）以此次事件为案例，组织全体员工学习，举一反三，吸取教训。各中心站、乘务分部组织专题安全教育，提高全体员工的安全意识，防止再发生类似事件。

（2）完善驾驶员站台作业安全确认程序，规范驾驶员的站台作业操作步骤，对屏蔽门与车门之间的间隙执行"眼看、手指、口呼"的确认制度。

（3）规范在车站发生紧急情况时车站的应急处理步骤，做到：一按（按压紧急停车按钮）、二呼（呼驾驶员）、三报告（报告车控室），防止出现列车动车后才采取紧急措施的现象。

（4）规范在站台有弯道的车站站台岗与驾驶员联控的时间和工作职责，确保列车在弯道站台作业的安全。

（5）在站台有弯道的车站遇屏蔽门或车门延迟关闭时，驾驶员必须重新开、关车门和屏蔽门，重新确认间隙安全。

（6）组织监督各乘务分部、中心站对措施的跟踪执行情况，并对所有站台岗、驾驶员的站台作业程序规范并进行评估，确保人人掌握。

✿ 1.3.5 消防事故案例

消防事故案例如表 1-1 所示。

表1-1 国内外地铁消防事故案例及应对措施

项目	大邱地铁纵火事件	香港地铁纵火事件	广州地铁纵火事件
发生时间	2003 年 2 月 18 日 9:52	2004 年 1 月 5 日 9:12	2011 年 1 月 10 日 22:25
纵火者纵火情况	一名男子将瓶子内装的可燃液体倒在列车上，并用打火机点燃可燃液体（汽油）	一名男子用打火机点燃了手推车上的可燃物品	一名男子将携带上车的煤气瓶内的煤气释放后，用打火机点燃气体

项目	大邱地铁纵火事件	香港地铁纵火事件	广州地铁纵火事件
附近乘客	发现该名男子玩打火机时立即制止，但由于可燃液体燃烧迅速，故附近乘客无法及时扑灭	发现该名乘客点燃一些物料时，及时制止，同时尽力踩灭地板上燃烧的物料	发现该名乘客点燃气体后，立即取座位下的灭火器进行灭火，并引导其他乘客远离火源
驾驶员	① 出现火灾的列车在列车到站后车门开启，部分乘客逃生，但随后车门又自动关闭。 ② 第二列列车随后驶入同一车站，驾驶员广播"发生了火灾，请暂时等候"，导致较多乘客在列车上等候。在约5 min的时间里，列车未开门，也未播放广播	① 驾驶员冷静处理火灾，并及时报告控制中心。 ② 驾驶员通过车厢内广播，安抚乘客，并通知乘客远离火灾区域。 ③ 驾驶员继续开行列车，到达前方车站开门清客	① 驾驶员冷静处理火灾，并及时报告控制中心。 ② 驾驶员通过车厢内广播，安抚乘客，并通知乘客远离火灾区域。 ③ 驾驶员继续开行列车，到达前方车站开门清客
控制中心	① 在火灾发生10 min后，相关人员致电地铁公司时，地铁公司仍不清楚发生了火灾。 ② 在前部列车发生火灾后，控制中心仍然组织后续列车驶入同一车站，仅通知驾驶员"注意运行"。 ③ 在第二列列车停稳后，驾驶员报告控制中心："车厢内秩序大乱，许多人被烟呛住了，请采取一些措施，我是否应疏散乘客？我应该做什么？"控制中心犹豫不决，5 min内均未发布有效调度命令	① 立即调整后续列车退行到发车站。 ② 立即通知前方站值班站长（站长）前往处理。 ③ 3 min内将信息通报了相应车站、消防机构、政府相关机构。 ④ 及时启动相应的排烟环控模式	① 将后续列车扣停。 ② 立即通知前方站值班站长（站长）前往处理。 ③ 将信息通报给相应车站、消防机构、政府相关机构。 ④ 及时启动相应的排烟环控模式
车站	具体处理不明	① 值班站长（站长）接到行调通知后，立即安排员工到列车着火点所在站台位置待令处理。 ② 站台员工立即使用灭火器进行灭火。 ③ 在驾驶员发现火警约4 min后，车站便启动了紧急预案，并播放紧急广播。 ④ 车站及时疏散了围观火情现场的乘客	行车值班员接到行调通知后，立即通知站台岗到现场确认处理，并向二号线车站申请人员支援。同时通知消防机构。站台人员及时使用灭火器灭火，立即启动应急预案，播放紧急疏散广播，站台人员及时疏散围观火情的现场乘客
其他	① 车厢内的座椅等众多部件均为可燃物品，燃烧后放出大量有毒气体。 ② 车站没有紧急逃生指示标志，发生火灾后，列车上的紧急照明灯不亮。 ③ 地铁通风系统较差，无法及时排除浓烟	列车地板等均为难燃或不燃材料	列车地板等均为难燃或不燃材料
造成后果	造成192人死亡，147人受伤	造成14人身体不适	5名乘客头发有烧焦现象，没有受伤

1.3.6 国外地铁事故案例

案例1 美国华盛顿"6·22"地铁列车相撞事故

2009年6月22日,美国华盛顿特区两辆地铁列车发生追尾相撞事故。事故造成9人死亡,80人受伤,负责驾驶的地铁驾驶员在事故中当场死亡。

经调查,事发时正在行驶的列车处于由计算机控制的自动运行模式。在这种模式下,列车驾驶员的工作只是开、关车门以及应对紧急情况。有迹象显示,事发前,这列列车的驾驶员曾试图减速,并按下列车上的紧急停车装置,但未能使列车停下来。

事故发生后,事故调查人员从信号系统的测试中发现,事故发生地段的轨旁信号电路出现一些异常现象。由于当时列车是处于由计算机控制的自动运行模式,该模式是计算机通过轨旁信号电路检测列车前方进路是否空闲,而控制列车停车或加速,如轨旁电路出现问题,则计算机检测不到前方停有列车,从而向列车发出前进的指令,最后导致悲剧的发生。

案例2 东京地铁列车追尾事故

1. 事件概况

在2009年9月9日,日本东京时间凌晨4:08,一列10节车厢的空置地铁列车停靠在地铁东西线的东阳站,驾驶员正在做列车始发前的准备工作,突然被一列有4节车厢的故障维修车从后撞上,致使列车尾部受损。当时,两列车上均没有乘客,事故没有造成人员伤亡。但是这一事故造成了东京与千叶县的东西线地铁瘫痪6小时,令30万人无法上班、出行。

2. 事件影响

(1)被撞列车受损后,不能动车,需要抢修,影响运营服务。

(2)地铁线路在高峰期间瘫痪6小时,影响30万人上班、出行。

3. 导致事故发生的原因

(1)根据东京地铁运营相关官员透露,事故原因是故障维修车超速运行所导致。

(2)按规定,东阳站的行驶速度最高为40 km/h,而当时故障维修车驾驶员超速运行,并且忘记站内停有其他列车,终因制动不及而酿成事故。

项目反思

1. 哪些规定既是驾驶员日常乘务的要求又是安全运营的保障?

2. 当地城市轨道交通运营企业与驾驶员相关的各项规则制度是否完善?如不完善,给出你的改进意见。

3. 通过新闻了解近几年发生的城市轨道交通事故,分析一下事故的原因,看看你所制定的奖惩细则能不能有效地预防此类事故的发生。

项目 2

体验调度指挥工作

项目描述

城市轨道交通系统安全、高效地运作需要各个岗位协同工作。驾驶员经常要与行车调度员、车场调度员、信号楼值班员等工作人员进行联控作业。本项目要求学生体验各调度岗位与驾驶员之间的联控作业，帮助学生熟悉调度指令。

学习目标

1. 掌握各种行车信号识读方法。
2. 掌握行车标准联控用语。
3. 了解不同情况下的调度指挥工作流程。
4. 掌握非正常情况下行车组织秩序调整方法。
5. 了解 ATC（列车自动控制系统）设备故障时的行车组织。
6. 掌握车辆故障时的行车组织方法。
7. 培养团队的协作能力。

任务 2.1　正常情况下的行车组织

任务布置

任务名称	正常情况下的行车组织
任务要求	熟练掌握行车组织工作流程，正确使用各种行车信号及联控用语，完成一次正常情况下的行车组织工作
任务准备	1. 场地：城市轨道交通运营企业调度指挥中心或调度指挥仿真实训室。 2. 设备及工具：LOW（微机联锁区域操作工作站）工作站、《运营时刻表》。 3. 两名学生一组：一名扮演驾驶员，一名扮演信号楼值班员及车场调度员
引导问题	1. 你知道的信号传递方式有哪些？哪些可以用来传递行车信号？ 2. 按照行车标准用语，数字应该怎样读

 2.1.1　行车指挥与调度

1. 调度指挥的原则

城市轨道交通运输系统是一个技术密集、社会化程度较高的公共交通系统，它具有由多部门、多工种相互配合，工作环节紧密联系，工作过程连续不断的特点。因此必须实行高度集中、统一指挥的运行指挥调度体制，以构成日常运输指挥与调度的中枢。

城市轨道交通运输系统相关运行线路和环节设置控制中心或相对独立的调度指挥部门实施高度集中、统一指挥。

1）坚持服从指挥原则

各级、各类行车部门必须坚决服从行车调度员的行车调度命令与指示，维护城市轨道交通的正常秩序。

2）坚持单一指挥原则

在一个区域行车工作的指挥，只能由负责该区域的行车调度员一人统一指挥，防止令出多头，造成行车工作的混乱以致造成行车事故。

3）坚持调度工作责任制原则

原则上在由调度集中控制的区域内，各个行车部门和人员必须严格按调度命令展开工作，如需由调度集中控制转为车站控制时，应实行授权并实施监督，掌握列车运行整体状态。

2. 调度指挥的任务

在城市轨道交通运输中，行车工作涉及比较复杂的工作环节，为了统一指挥、有序组织运行工作，一般情况下，将调度指挥划分为若干部分，实施专业对口管理。通常在控制中心设置有行车调度、电力调度、环控调度等，其中心工作是指挥相关专业的作业流程，协调各个相关工作的开展。其工作任务主要有以下几项：

（1）科学地组织客流，合理地使用各类运输设备，挖掘运输潜力，及时调整列车及其他作业方案，提高运输能力。

（2）组织行车部门紧密合作、协调动作，确保运营秩序和安全行车，完成运输生产工作任务。

（3）贯彻、组织、监控运输计划、施工计划的实施。

（4）指挥列车运行，实施突发情况时的运行调度，确保运输安全。

（5）实现电力、环控等对运行产生直接影响的重要工作内容的控制、指挥。

（6）积极参与和组织各类突发事件、事故的救援工作。

（7）做好运营指标统计、分析工作。

3. 行车调度的基本控制方式

行车调度员对运行状态的基本控制采用调度集中控制，行车指挥自动化和调度指示的方式进行。在特殊情况下，可以采用车站控制的方法进行。

1）调度集中控制

行车调度员通过调度集中控制设备、控制所管辖线路上的信号和道岔，办理列车进路，组织和指挥列车运行。

2）行车指挥自动化

在行车调度员的监控下，由双机冗余计算机等设备构成的列车自动监控系统（ATS）完成列车运行的控制任务。基本闭塞方法为自动闭塞法。

3）调度指示

在通常情况下，城市轨道交通的行车指挥中，调度指示发布分为调度书面命令、调度口头命令和调度口头通知三种类型。

指挥列车运行的命令和口头指示，只能由行车调度员发布。基地（停车场）内不影响正线运行及接发列车的命令可由信号楼调度员发布。调度命令发布时必须直接填记在调度命令登记簿内，并指定受令人进行内容复诵。命令内容应该保持规范、明了，不得随意简化。

（1）调度命令发布的基本要求。

在具备良好通信与录音设备的条件下，行车调度员可以使用列车无线电以及其他通信设备直接发布口头命令。

（2）发布口头命令的内容有以下几项：

① 临时加开或停开列车（包括客车、工程车及救援列车）；

② 客车推进运行、退行，工程车退行；

③ 停站客车临时变通轨道；

④ 采用 RM/URM 列车驾驶模式时；

⑤ 列车救援时；

⑥ 列车中途清客；

⑦ 变更列车进路。

（3）发布书面命令的内容有以下几项：特殊情况下可先用口头命令，事后补发书面命令。

① 发布线路限速或取消限速；

② 封锁、开通线路；

③ 行调认为有必要记录的命令。

行车相关人员必须严格按照有关规定发布与执行调度命令，不得随意改变和简化调度命令的具体方式与内容，以保证调度命令的严肃性和权威性。在发布和接受命令时，有关人员要仔细核对、明确内容，并且复诵无误。在命令中，发令人、受令人、复诵人都必须填记全名。受令处所可根据规定填记标准缩写，发令日期与时间必须正确，命令内容要正确、明了，不得随意涂改或者含糊其词。

✸ 2.1.2　行车闭塞法

1. 行车闭塞的定义

1）定义

为了确保列车运行安全，在组织列车运行时，通过设备或人工控制方式，使一个区间或规定的空间范围内在同一时间只有一列车占用，并保持列车与列车间一定安全距离的技术方法称为行车闭塞或行车闭塞法，简称"闭塞"。

2）作用与目的

行车闭塞是一种列车运行的规范和方法。闭塞的实现同整个运行系统和实际状况即技术状况和社会需求状况有相当密切的关系。列车运行中使用的运行区间是不变而相对固定的。如何使用现有的区间，使列车运行能够符合高密度、快速度、小间隔的要求，提高运输能力，同时确保列车运行的安全，就是使用行车闭塞的目的。

3）闭塞中的运行区间

所谓"区间"，就是为了安全和有效地组织列车运行，城市轨道交通运行线路是以车站为界点划分的许多线段，而区间是城市轨道列车在线路上运行时最基本的空间。闭塞就是在行车时能够确认列车运行区间的状态是否符合运行与行车规范要求。区间有三种状态：

（1）区间开通，指区间内无列车占用或没有相关的施工作业。列车通行信号和条件已经具备，可以允许列车进入。列车可以依据有关的行车凭证进入该区间。

（2）区间占用，指区间内已经进入列车或者有关列车已经取得了占用该区间的行车凭证，例如进路已经准备完毕，信号机已经呈开放状态或者驾驶员已经取得合法的行车凭证。

（3）区间空闲，指该区间没有被占用，该区间的行车凭证未发给任何列车或者进入该区间的信号机也未开放。

行车闭塞法就是利用区间的不同状态，利用技术手段或者制度管理手段对列车的运行状态做相应的指示，对整个列车运行做全面的调节、协调，使列车运行既安全又合理。

2. 行车闭塞的分类

1）站间闭塞

站间闭塞就是两站间只能运行一列列车，其列车的空间间隔为一个站间。按技术手段和闭塞方法又可分为：电话闭塞、路签闭塞、路牌闭塞、半自动闭塞、自动站间闭塞。路签闭塞、路牌闭塞目前在城市轨道交通中已不采用，但在电话闭塞的基础上增加了一种电话联系法行车，要求和电话闭塞相似，只是手续更加简化。

2）自动闭塞

这是利用通过信号机把区间划分为若干个装设轨道电路的闭塞分区，通过轨道电路将列车和通过信号机的显示联系起来，使信号机的显示随着列车运行位置而自动变换的一种闭塞方式。在每个闭塞分区，始端都设置一架防护该分区的通过色灯信号机，这些信号机平时显示绿灯，称为"定位开放式"；只有当列车占用该闭塞分区（或发生断轨故障）时，才自动显示红灯，要求后续列车停车。自动闭塞的优点：由于划分成闭塞分区，可用缩短运行间隔时间开行追踪列车，从而大大提高区间的通过能力；整个区间装设了连续的轨道电路，可以自动检查轨道的完整性，提高了行车安全的系数。

自动闭塞按信号显示数目分为二显示自动闭塞、三显示自动闭塞和四显示自动闭塞。

（1）二显示自动闭塞的通过信号机只有两个显示，即闭塞分区内有车占用时，显示停车信号（红灯）；闭塞分区空闲时，显示进行信号（绿灯）。

（2）三显示自动闭塞的通过信号机有三个显示，即闭塞分区内有车占用时，显示停车信号；前方只有一个闭塞分区空闲时，显示注意信号；前方有两个以上闭塞分区空闲时，显示进行信号。

（3）四显示自动闭塞则有四种显示，即可显示出停车、注意、减速、进行四种信号。

3）准移动闭塞系统/ATC系统（列车自动控制系统）

它通过数字音频轨道电路（FTGS）将线路划分成很多分区，通过轨道电路占用，ATP子系统实时检测所有列车的位置，并向所有列车发送诸如列车运行方向、目标位置、区间最大速度、目标距离、下一段轨道电路区段的坡度、限速区间的允许速度、列车所在轨道电路的编号确认、列车所在轨道电路的长度等信息的信息码。信息由车载天线接收，并传送到车上，供ATP设备使用。

ATC系统与人工闭塞和自动闭塞相比，是一种基于通信技术和计算机技术的先进列车自动控制系统。ATC系统是根据列车在线路上运行的客观条件和实际情况，对列车运行速度及制动方式等状态进行监督、控制和调整的系统。系统包括地面与车载两部分，地面设备产生出列车控制所需要的全部基础数据，例如列车的运行速度、间隔时间等。车载设备通过车载天线接收地面传来的信号，并进行信息处理，生成列车速度控制数据及列车制动模式，用来监督和控制列车安全运行。系统改变了传统的信号控制方式，可以连续、实时地监督列车的运行速度，自动控制列车的运行，实现列车的超速防护。

4）移动闭塞系统

移动闭塞是一种新型的闭塞制式，CBTC（基于无线通信的列车控制系统）是移动闭塞系统关键技术之一，CBTC也是这种闭塞制式的应用系统。它最显著的特点是取消了以信号机分隔的固定闭塞区间。

列车间的最小运行间隔距离由列车在线路上的实际运行位置和运行状态确定，所以闭塞区间随着列车的行驶，不断地向前移动和调整，故称为移动闭塞，是"利用高精度的列车定位（不依赖于轨道电路），双向连续、大容量的车—地数据通信，是依靠车载、地面的安全功能处理器实现的一种连续自动列车控制系统"。移动闭塞技术代表了未来闭塞制式的发展方向。

移动闭塞通过车载设备和轨旁设备不间断的双向通信，根据列车实时的速度和位置动态计算列车的最大制动距离。列车的长度加上这一最大制动距离并在列车后方加上一定的防护距离，便组成了一个与列车同步移动的虚拟分区，如图2-1所示。由于保证了列车前后的安全距离，两个相邻的移动闭塞分区就能以很小的间隔同时前进，这使列车能以较高的速度和较小的间隔运行，从而提高运营效率。

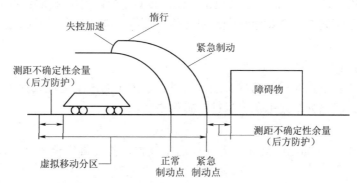

图2-1 移动闭塞工作原理图

移动闭塞的线路取消了物理层次上的分区划分，而是将线路分成了若干个通过数据库预先定义的线路单元，每个单元长度为几米到十几米之间，移动闭塞分区就是由一定数量的单元组成的，单元的数目可随着列车的速度和位置而变化，分区的长度也是动态变化的。

移动闭塞系统中列车和轨旁设备必须保持连续的双向通信。列车不间断地向轨旁控制器传输其标识、位置、方向和速度，轨旁控制器根据来自列车的信息，计算、确定列车的安全行车间隔，并将相关信息（如先行列车位置、移动授权等）传递给列车，控制列车运行。

CBTC 系统是一个连续数据传输的自动控制系统，利用高精度的列车定位（不依赖于轨道电路），实现双向连续、大容量的车—地数据通信，能够执行列车自动防护（ATP）、列车自动运行（ATO）以及列车自动监控（ATS）。CBTC 系统主要由移动设备（车载设备）、轨旁设备、通信网络、控制中心组成。

无线 CBTC 采用无线通信系统，通过开放的数据通信网络实现了列车与轨旁设备实时双向通信，信息量大，并采用基于 IP 标准的列车运行控制结构，可以在实现列车运行控制的同时附加其他功能，如安全报警、员工管理及乘客信息发布等。

❋ 2.1.3 行车信号

所谓信号，是指示列车运行与调车工作开展的命令，它传达指挥者的意图，指示列车运行条件，表示有关行车设备的位置和状态等，是行车指挥的一种形式。

1. 色灯信号机

信号机是城市轨道交通最常用的视觉信号设备，它的作用贯穿于行车工作的整个过程。一般情况下，按其功能可分为防护信号机、阻挡信号机、调车信号机、复示信号机、引导信号机等。

1）防护信号机

防护信号机是列车运行正线上对道岔以及运行进路进行防护而设置的信号，它对通过的列车或车辆显示信号。

它有以下四种状态的显示：

（1）一个红色灯光：不准列车越过该架信号机。

（2）一个绿色灯光：表示前方进路道岔在直向位置，准许列车按规定速度越过该信号机。

（3）一个黄色灯光：表示前方进路道岔在侧向位置，准许列车按规定速度越过该信号机。

（4）一个红色灯光及一个黄色灯光：引导信号显示，准许列车以不超过规定的速度越过该信号机，并准备随时停车。

2）阻挡信号机

阻挡信号机一般设置在线路的尽头线，用以指示列车的停车位置或者在停运检修期间指示检修作业位置，阻挡列车（车辆）越过，确保安全。

（1）尽头线。

尽头线是指线路一端已经终止，无任何道岔连接，并设置安全车挡，以防车辆溜出的线路。

（2）显示状态。

一个红色灯光；不准列车（车辆）越过该架信号机。

对于如何在接近线路终端作业，在安全运行规则中有具体的规定，包括运行速度和接近距离规定。

3）基地（停车场）调车信号机

基地（停车场）调车信号机是对基地内进行调车作业的列车（车辆）指示准许或禁止作业条件和要求的信号机。

（1）显示状态有两种：

① 一个红色灯光：禁止越过该架信号机进行调车作业。

② 一个白色灯光：准许越过该架信号机进行调车作业。

（2）关于调车信号的说明：

① 调车信号机显示一个白色灯光，一般是指该架信号机显示所指示的调车进路前方道岔在开通状态。它与调车作业所应该到达或需要的进路是有区别的，也就是说，调车信号机显示所指示的路径可能是作业需要的路径，也有可能是错误的路径，可能由于信号控制人员的失误操作使进路开通方向与调车作业的目的地或方向不一致，因此，在调车作业中，参加调车作业的相关人员除看清信号显示外，还必须确认调车进路。

② 调车信号机的显示表示前方进路情况，但是否可以开始进行调车作业，还必须有参加调车作业的调车指挥人的指示命令，因为调车作业还将受到多种因素的影响与制约。

4）复示信号机

受地形、地物影响，主体信号机的显示达不到规定的显示距离时，调车、出站及发车信号机前应设置复示信号机，复示主体信号机的显示状况。

2. 行车标志

轨道交通运输运行中的行车有关标志分为线路标志和信号标志。它们是行车工作的一个重要组成部分，主要用来对列车运行时的驾驶以及运行设备的巡检、维修等指示相关目标、条件、操作要求。

1）线路标志

表示建筑物及线路设备位置或状态的标志称为线路标志。通过各种线路标志，可以使工作人员知道或明了线路情况，方便进行各种设备维修、检查，使列车驾驶员能够依据各种标志指示的条件与要求驾驶列车，达到运行安全和规范行车的目的。与行车直接有关的线路标志主要有以下几种，如图2-2所示。

（1）百米标。

表示正线距离里程计算起点每一百米的长度，以百米为单位。

（2）公里标。

表示城轨线路从起点开始计算的连续里程标志，以公里为单位。

（3）半公里标。

设置在两相邻公里标间的中点上，表示半公里位置。

（4）曲线标。

曲线起点和曲线终点标志的简称。设在曲线中点处，该标志上标明了曲线中心里程、半径大小、圆曲线及缓和曲线长度、超高、加宽等有关数据。

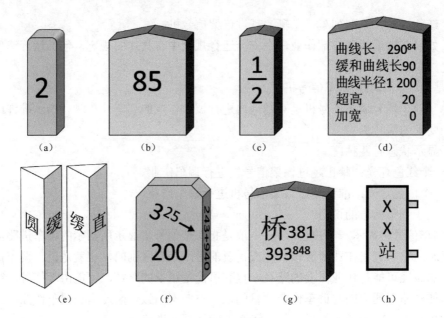

图 2-2　线路标志

（a）百米标；（b）公里标；（c）半公里标；（d）曲线标；（e）圆曲线及缓和曲线始终点标；
（f）坡度标；（g）桥梁标；（h）站名标

（5）圆曲线及缓和曲线始终点标。

设在直线、曲线、缓和曲线三者相互联系的节点处或开始与终止处，这种标志是个直棱柱体，其横断面为三角形。两个侧面注有直、缓、圆等字样，标明所向方向为直线、圆曲线、缓和曲线。

缓和曲线是指线路上直线和圆曲线相接处为减少振动而设置的一段半径渐变的曲线，它起点没有弯度，然后逐渐变弯，弯度加大、半径减小，与圆曲线半径相同时和圆曲线相接，这种曲线称缓和曲线。圆曲线是线路上的一段弧，它的弯曲程度用圆半径表示，即曲线半径，以"米"为单位。曲线半径越大，弯度越缓和，曲线半径越小，弯度越紧促。是表示曲线线路起点和终点的标志。

（6）坡度标。

设在线路纵断面的变坡点处。它在正面与背面分别表示两边的坡度与坡段长度，箭头所指为上坡或下坡，箭尾数字表示坡度千分率，侧面标明变坡点位置。

（7）桥梁标。

表示桥梁位置（中心里程）的标志，一般设置在桥梁中心里程处或桥头端，上面标明桥梁编号及中心里程数。

（8）站名标。

用黄底黑字指示前方车站站名。

2）信号标志

表示运行线路所在地点的情况和状态，指示行车人员依据标志的要求，及时、正确地进行相关作业与操作的标志称为信号标志。

与行车相关的信号标志主要有以下几种，如图 2-3 所示。

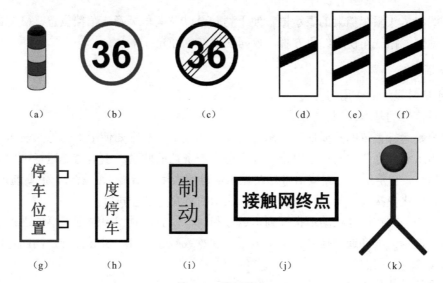

图 2-3 信号标志

（a）警冲标；（b）限速标；（c）解除限速标；（d）进站 100 米预告标；（e）进站 200 米预告标；（f）进站 300 米预告标；
（g）停车标；（h）一度停车标；（i）制动标；（j）接触网终止（点）标；（k）车挡表示器

（1）警冲标。

在两条线路汇合处，为了防止停留在一线的车辆与邻线上的车辆发生侧面冲撞而设在两汇合线路之间间隔 4 米的中间标志。轨道之间间距不足 4 米时，应设在两线路中心线最大间距的起点处。

（2）限速标。

指列车在该位置的线路限制速度，单位为 km/h。

（3）解除限速标。

设在列车运行方向的右侧、解除限速点后 140 米处，指示列车在该线路对应的位置取消限速。

（4）进站预告标。

分为 300 米预告标、200 米预告标、100 米预告标，在接近车站 300 米、200 米、100 米处分别设置。

（5）停车标。

指示列车停车位置的标志。通常用于车站站台规定的乘客上下车的停车地点以及列车折返时指示驾驶员停车的地点，它固定设置在规定位置。列车站内对标停车后，停车标位于司机室侧门规定范围内。

（6）一度停车标。

要求列车（机车）在该地点停车后，进行确认线路、道岔以及相关操作后，继续行驶的指示标志。

（7）制动标。

设在试车线距车挡 400 米列车运行的右侧，进行 60 km/h 以上试验时，施加 100% 制动的最晚地点。

（8）接触网终止（点）标。

表示接触网已终止的标志，设在接触网终端，警告驾驶员不准越过该标，防止脱轨。

（9）车挡表示器。

设在线路尽头限车挡上的表示器，便于驾驶员以及调车员确认车挡位置。隧道内显示红色灯光，地面线路昼间使用红色方牌、夜间使用红色灯光。

3. 手信号

1）手信号显示的作用与分类

（1）手信号的基本作用。

手信号是运行系统的重要信号显示，在运行实践中，经常要使用手信号来表示或传达相关的行车指示和命令，它与运行以及运行安全有着密切的联系。手信号是运行中普遍采用的一种视觉信号，它是用信号旗或信号灯及显示信号的人用手臂显示的信号，主要通过旗、灯、手臂的状态变化使接收信号的行车人员明确显示的意义并遵守执行。

手信号的基本作用是机动地指挥列车运行和调车作业，对相关的行车事项进行联络。

手信号显示的准许通行信号、停车信号、注意或减速信号、引导信号，同固定信号机所显示的含义具有相同的作用。

（2）手信号的分类。

手信号根据它的作用与用途可以分为列车运行有关手信号、调车手信号和联系用手信号。

① 列车运行时有关人员应遵守下列手信号的显示方式，如表 2-1 所示。

表 2-1　列车运行手信号的显示方式

序号	手信号类别	显　示　方　式	
		昼　间	夜　间
1	停车信号	展开红色信号旗，无红色信号旗时，两臂高举头上，向两侧急剧摇动	红色灯光，无红色灯光时，用白色灯光上、下急剧摇动
2	紧急停车信号	展开红旗下压数次，无信号旗时，两臂高举头上，向两侧急剧摇动	红色灯光下压数次，无红色灯光时，用白色灯上下急剧摇动
3	减速信号	展开黄色信号旗，无黄色信号旗时，用绿色信号旗下压数次	黄色信号灯光，无黄色灯光时，用白色或绿色灯光下压数次
4	发车指示信号	展开绿色信号旗，上弧线向列车方面作圆形转动	绿色灯光上弧线向列车方面作圆形转动
5	通过信号	展开的绿色信号旗	绿色灯光
6	引导信号	展开黄色信号旗，高举头上左右摇动	黄色灯光高举头上左右摇动
7	降弓信号	左臂垂直高举，右臂前伸，并左右水平重复摇动	白色灯光上下左右重复摇动
8	升弓信号	左臂垂直高举，右臂前伸，上下重复摇动	白色灯光做上下摇动
9	好了信号	拢起信号旗做圆形转动	白色灯光做圆形转动

② 调车手信号的显示方式如表 2-2 所示。

表 2–2　调车手信号的显示方式

序号	调车手信号	显　示　方　式	
	类别	昼　间	夜　间
1	停车信号	展开红色信号旗，无红色信号旗时，两臂高举头上，向两侧急剧摇动	红色灯光，无红色灯光时，用白色灯光上下急剧摇动
2	减速信号	展开绿色信号旗下压数次	绿色灯光下压数次
3	指挥列车或车辆向显示人方向来的信号	展开绿色信号旗在下方左右摇动	绿色灯光在下方左右摇动
4	指挥列车或车辆向显示人反方向去的信号	展开绿色信号旗上下摇动	绿色灯光上下摇动
5	指挥列车或车辆向显示人方向稍行移动的信号（包括连挂）	左手拢起红色信号旗，直立平举，右手展开绿色信号旗，在下方左右小摆动	绿色灯光下压数次后，再左右小动
6	指挥列车或车辆向显示人反方向稍行移动的信号（包括连挂）	左手拢起红色信号旗，直立平举，右手展开绿色信号旗，在下方上下小动。	绿色灯光平举，上下小动
7	三、二、一车距离信号	右手展开绿色信号旗，下压三、二、一次	绿色灯光平举，下压三、二、一次
8	连挂作业	两臂高举头上，拢起的手信号旗杆成水平末端相接	红绿色灯光（无绿色灯用白色灯光代替）交互显示数次
9	试拉信号(连挂好后试拉)	按本表第 5 或第 6 项的信号显示，当列车启动后立即显示停车信号	
10	取消信号：通知前发信号取消	拢起手信号旗，两臂于前下方交叉后，左右摇动数次	红色灯光作圆形转动后，上下摇动

③ 徒手信号。

调车长或管理人员及行车有关人员检查工作或遇列车救援、发生紧急情况，没有携带信号灯或信号旗时，可用徒手信号显示，如表 2–3。

表 2–3　徒手信号的显示方式

序号	徒手信号类别	显　示　方　式
1	紧急停车信号（含停车信号）	两手臂高举头上，向两侧急剧摇动
2	三、二、一车信号	单臂平伸后，小臂竖直向外压直，反复三次为三车、反复二次为二车、反复一次为一车
3	连挂信号	紧握两拳头高举头上，拳心向里，两拳相碰数次
4	试拉信号	如本表第 5 或第 6 项，当列车刚起动，马上给停车信号（第 1 项）
5	向显示人方向稍行移动	左手高举直伸，右手平伸小臂左右摇动
6	向显示人反方向稍行移动	左手高举直伸，右手向下斜伸，小臂上下摇动
7	好了信号	单臂向列车运行方向上弧圈做圆形转动

2）手信号的显示原则与时机

（1）手信号的显示原则。

手信号的显示原则是指在进行手信号显示时要遵循的制度和规范，否则，信号显示将失去意义或者说是无效的。

① 地面车站及基地内，昼间使用信号旗，夜间使用信号灯。

② 地下车站一律使用信号灯，按夜间规定办理。

③ 显示手信号时左手持红旗，右手持绿旗（扳道员右手持黄旗）。

（2）手信号显示时机。

手信号的显示时机是指正确及时地掌握显示手信号的时间，即什么时候开始显示手信号，在什么时候收回所显示的手信号；时机的掌握对安全行车与提高行车效率有着直接密切的关系。如果过早显示，将影响行车工作效率，易产生行车节奏被打乱的现象；而太迟显示，将不能够保证列车运行安全并失去显示要求所要达到的目的。

① 显示通过、停车等信号时，必须在看见列车灯光时开始显示，待列车头部越过显示信号地点后方可收回。

② 显示发车信号，必须在确认列车起动后方可收回。

③ 显示引导信号，要待列车越过显示地点后方可收回。

④ 显示调车信号，须待驾驶员回示后方可收回。

⑤ 显示停车信号和临时停车信号，须待列车或车辆停车后方可收回。

4. 音响信号

音响信号分为车辆鸣笛和口笛信号，长声为 2 秒，短声为 0.5 秒，间隔为 1 秒。重复鸣示时，须间隔 5 秒以上。

1）客车、车组、工程车、轨道车等列车的鸣示方式如表 2-4 所示。

表 2-4 列车的鸣示方式

序号	名 称	鸣示方式	使 用 时 机
1	起动注意信号	一长声 —	① 列车起动或机车车辆前进时（双机牵引时，本机车鸣笛后，尾部机车应回示，本机车再鸣笛一长声后起动）。 ② 接近车站、鸣笛标、隧道、施工地点、黄色信号、引导信号、天气不良时。 ③ 在区间停车后，继续运行时，通知车长
2	退行信号	二长声 ——	客车、机车车辆、单机开始退行
3	召集信号	三长声 ———	要求防护人员撤回时
4	呼唤信号	二短一长声 •• —	① 客车或机车要求出入基地（停车场）时。 ② 在车站要求显示信号时
5	警报信号	一长三短声 — •••	① 发现线路有危及行车安全的不良处所时。 ② 列车发生重大、大事故及其他需要救援情况时。 ③ 列车在区间内停车后，不能立即运行，通知车长时

序号	名　称	鸣示方式	使　用　时　机
6	试验自动制动机复示信号	一短声 •	① 试验制动机开始减压时。 ② 接到试验制动结束的手信号，回答试车人员时。 ③ 调车作业中，表示已接受调车员所发出的信号时
7	缓解信号	二短声 ••	试验制动机缓解时
8	紧急停车信号	连续短声 •••••	驾驶员发现邻线发生障碍，向邻线上运行的列车发出紧急停车信号时，邻线列车驾驶员听到后，应立即紧急停车

2）口笛鸣示方式

口笛鸣示方式如表 2-5 所示。

表 2-5　口笛鸣示方式

序号	工　作　项　目	鸣　示　方　式	
1	发车、指示列车向显示人反方向移动	一长声	—
2	指示列车向显示人方向移动	一短一长声	• —
3	指示发车	一长一短声	— •
4	取消	二长一短声	—— •
5	再显示	二长二短声	—— ••
6	列车接近通报信号 上行 下行	 二长声 一长声	 —— —
7	停车信号	连续短声	•••••

✵ 2.1.4　联控用语

1. 列车出库

1）整备作业完成

【呼叫人】列车驾驶员：××道［××道×端］××次××号列车整备作业完毕。

【被呼叫人】信号楼值班员：××道［××道×端］××次××号列车整备作业完毕，信号楼明白。

2）出库信号开放

【呼叫人】信号楼值班员：××道［××道×端］××次××号列车出库信号已开放。

【被呼叫人】列车驾驶员：××道［××道×端］××次××号列车出库信号已开放,司机明白。

2. 列车出场

【呼叫人】信号楼值班员：出场线××次××号列车，出场信号没有开放。

【被呼叫人】列车驾驶员：出场线××次××号列车，出场信号没有开放，司机明白。

3. 列车由出场线进入正线

【呼叫人】行车调度（车站值班员）：××站出场线××次列车，前方信号没有开放。

【被呼叫人】列车驾驶员：××站出场线××次列车，前方信号没有开放，司机明白。

4. 列车由入场线回库

1）请求入场

【呼叫人】列车驾驶员：入场线××次××号列车请求入场。

【被呼叫人】信号楼值班员：入场线××次××号列车请求入场，信号楼明白。

2）入场信号未开放

【呼叫人】信号楼值班员：入场线××次××号列车，入场信号没有开放。

【被呼叫人】列车驾驶员：入场线××次××号列车，入场信号没有开放，司机明白。

3）入场信号已开放

【呼叫人】信号楼值班员：入场线××次××号列车××道（××道×端）停车。

【被呼叫人】列车驾驶员：入场线××次××号列车××道（××道×端）停车，司机明白。

5. 列车折返作业

1）无 ATP 防护功能列车折返作业，折返信号未开放

【呼叫人】行车调度：××次列车××站折返信号没有开放。

【被呼叫人】列车驾驶员：××次列车××站折返信号没有开放，司机明白。

2）列车进（出）折返作业

【呼叫人】接（交）车驾驶员：确认折返信号及驾驶模式。

【被呼叫人】交（接）车驾驶员：确认折返信号及驾驶模式，司机明白。

3）单驾驶员办理折返作业

【呼叫人】驻调驾驶员：确认折返信号及驾驶模式。

【被呼叫人】列车驾驶员：确认折返信号及驾驶模式，司机明白。

6. 引导信号（手信号）接发车

1）手信号接发车

【呼叫人】车站值班员（信号楼值班员）：××次列车，注意前方手信号。

【被呼叫人】列车驾驶员：××次列车，注意前方手信号，司机明白。

2）引导信号接发车

【呼叫人】车站值班员（信号楼值班员）：××次列车，注意进（出）站引导信号。

【被呼叫人】列车驾驶员：××次列车，注意进（出）站引导信号，司机明白。

7. 取消进路、关闭信号

【呼叫人】行车调度（车站值班员）（信号楼值班员）：××站×行（××站××线）（××区间×行）××次列车，进路取消（信号关闭），注意列车模式与信号。

【被呼叫人】列车驾驶员：××站×行（××站××线）（××区间×行）××次列车，进路取消（信号关闭），注意列车模式与信号，司机明白。

8. 无 ATP 防护功能列车运行前方信号未开放

【呼叫人】行车调度：××站×行（××站××线）（××区间×行）××次列车，前方信号没有开放。

【被呼叫人】列车驾驶员：××站×行（××站××线）（××区间×行）××次列车，前方信号没有开放，司机明白。

9. 无 ATP 防护功能列车授权运行

【呼叫人】驻调驾驶员：××站×行××次列车，调度授权运行至××站（××站站外）。

【被呼叫人】列车驾驶员：××站×行××次列车，调度授权运行至××站（××站站外），司机明白。

10. 列车限速运行

【呼叫人】行车调度（驻调驾驶员）：××站×行（××站××线）（××区间×行）××次列车××至××百米标（××位置）限速××公里。

【被呼叫人】列车驾驶员：××站×行（××站××线）（××区间×行）××次列车××至××百米标（××位置）限速××公里，司机明白。

11. 运营期间人员下线作业

【呼叫人】车站值班员：××站×行列车，××区间××处有施工人员，注意运行。

【被呼叫人】列车驾驶员：××站×行列车，××区间××处有施工人员，注意运行，司机明白。

12. 线路发生险情

【呼叫人】行车调度（车站值班员）：××线××处线路发生险情，上下行接近列车立即停车。

【被呼叫人】接近列车驾驶员：××线××处线路发生险情，上下行接近列车立即停车，司机明白。

13. 电话闭塞法行车

【呼叫人】车站值班员：××站×行××次列车，路票已办理，列车运行至××站。

【被呼叫人】列车驾驶员：××站×行××次列车，路票已办理，列车运行至××站，司机明白。

14. 列车冒进信号、挤岔、掉道、越过警冲标

【呼叫人】事发列车驾驶员：××站×行（××区间×行）发生事故，妨碍邻线，上下

项目 **2** 体验调度指挥工作

行接近列车立即停车。

【被呼叫人】接近列车驾驶员：××站×行（××区间×行）发生事故，妨碍邻线，上下行接近列车立即停车，司机明白。

15. 运营列车切门控开门

1）驾驶员在使用切门控方式开门前

【呼叫人】列车驾驶员：××站×行××次列车切门控开门。

【被呼叫人】行车调度：××站×行××次列车切门控开门，确认正确开门侧。

2）驾驶员切除车门控制保护开门作业结束，恢复门控保护及驾驶模式前

【呼叫人】列车驾驶员：××站×行××次列车恢复门控开关。

【被呼叫人】行车调度：××站×行××次列车恢复门控开关，确认正确驾驶模式。

16. 列车调车作业

【呼叫人】行车调度（车站值班员）（信号楼值班员）：××站×行（××场×道×端）××次（号）列车至×行（×道×端）信号已开放（手信号已显示）。

【被呼叫人】列车驾驶员：××站×行（××场×道×端）××次（号）列车至×行（×道×端）信号已开放（手信号已显示）。

17. 指路式行车

信号设备发生故障，需人工办理进路，且信号无法显示进路情况时，执行指路式行车车调联控作业；

【呼叫人】行车调度（车站值班员）：××站×行 ××次列车，运行方向为××站。

【被呼叫人】列车驾驶员：××站×行 ××次列车，运行方向为××站，司机明白。

注意：联控用语中××站为相应列车开行的终点站站名，小交路开往折返线列车为折返站站名。

18. 问路式行车

列车驾驶员无法确定列车前方进路方向时，执行问路式行车车调联控作业；

【呼叫人】列车驾驶员：××站×行 ××次列车，运行方向为××站，道岔位置正确，发车条件具备，请求发车。

【被呼叫人】行车调度（车站值班员）：××站×行 ××次列车，运行方向为××站，进路正确，信号正确，允许发车。

注意：联控用语中××站为相应列车开行的终点站站名，小交路开往折返线列车为折返站站名。

19. 联控作业标准用语的相关规定

1）呼叫人在呼叫被呼叫人时，须在标准用语前增加"××呼叫"，如"行调呼叫"、"司机呼叫"、"××站呼叫"等。

2）（ ）内的字根据实际情况选择使用。

3）遇数字"0"、"1"、"2"、"7"须读"dong（洞）"、"yao 幺"、"liang 两"、"guai 拐"。

任务实施

序号	实施步骤	实　施　内　容
1	运营前准备	检查当晚的所有维修施工及调试作业是否完毕，并已销点、线路出清
		控制中心与车站及车厂核对当日《运营时刻表》以及中央时钟时间，与各站确认到岗人数、线路是否出清、屏蔽门（安全门）状态和车站各级行车设备工作状态
		与车厂派班室确认车厂准备情况
		检查接触网是否带电
		试验进路和道岔。行调确认施工结束、线路出清后，通知车站进行进路、道岔的测试工作，并将检查结果报行调。当试验期间发现异常时，行调应及时通知值班主任助理派人进行抢修；无法修复时，应立即与值班主任协商，采取应急措施，维持最大限度的运营，将影响降到最低
		检查中央监控调度设备，确认中央监控设备的各种元素显示正确无误，确认各种故障报警信息正确无误
		根据运作命令的要求，装载和执行相应《运营时刻表》
2	组织列车出厂	列车出车厂前，行调或车站工作人员在信号设备上将无须转动的道岔电子锁定，并把相关信号机的自排/追踪功能关闭，防止错误排列进路
		列车出车厂时，行调与列车驾驶员要试验无线电话的通话效果，确认车次号是否正确。行调要与到达出入车厂线的第一列列车共同确认正线供电系统送电情况。担任压道任务的列车在执行线路限速的前提下，按照时刻表要求限速运行
3	开始运营服务	运营头班车严禁早点开出，行调应严格按照《运营时刻表》指挥行车，按时组织列车进入正线，到达指定位置
4	结束运营服务	行调根据《运营时刻表》，组织尾班车正点运行，尾班车禁止早点开出
		严格按照运作命令和《运营时刻表》执行说明的要求，做好换乘尾班车运行的组织
5	组织列车回厂	列车运营结束后，在回车厂前，行调通知车站在 LOW 上将有关回厂无须转动的道岔单独锁定在进路位置上，并把相关信号机的自排/追踪功能关闭，防止错误排列进路，同时检查车厂内列车回车厂的线路出清，接触网已送电。行调监督信号楼提前排列回厂列车接车进路，避免列车在出、入厂线大坡道停车
6	运营结束后的作业	行调根据施工计划组织工程车、客车出厂到达指定区域作业，接触网停电后（如施工需要），组织全线轨行区施工

任务 2.2　非正常情况下行车组织工作

任务布置

任务名称	非正常情况下的行车组织工作
任务要求	熟练掌握维护与调整行车秩序的方法，完成几种常见的非正常情况下的行车组织工作
任务准备	1. 场地：城市轨道交通运营企业调度指挥中心或调度指挥仿真实训室。 　2. 设备及工具：LOW 工作站、《运营时刻表》。 　3. 两名学生一组：一名扮演驾驶员，一名扮演行车调度员
引导问题	1. 你在轨道线路两旁见过哪些行车标志？说说它们的含义。 　2. 你在乘车过程中见过哪些非正常情况下的行车

知识准备

 2.2.1　行车组织方法

信号 ATS（列车自动监视系统）设备功能正常时，列车以 ATO 模式自动运行，各行车岗位按照《运营时刻表》组织行车。当行车设备功能未完全达到，或者行车设备出现故障影响正常运营时，需降级组织行车。以广州地铁为例，常用的降级行车组织方法主要有区段进路行车法、电话闭塞法、站间电话联系法等。

1. 区段进路行车法

区段进路行车法是一种将列车运行进路划分为若干个固定的区段，区段站与区段站之间确认进路空闲，或确认本区段内进路空闲后，在信号集中设备上排列进路，列车按地面信号显示行车的行车办法，其中区段可以由单个或多个信号进路组成。

1）行车组织原则

（1）一个区段只允许一列列车占用。

（2）各区段的进路由相关联锁站在信号集中设备上排列。

（3）准备进路时，必须严格按照由远至近（参照始端的信号机）的顺序分段进行排列。

（4）列车进入区段的凭证是区段分界点进路防护信号机的开放信号。

（5）各联锁站之间加强联系，严格确认进路空闲后，及时办理进路并开放信号。

2）行车组织办法

（1）在不具备 ATP 功能的联锁区，在每天运营开始时，各联锁站根据《运营时刻表》，在首趟列车到达本联锁区前规定的时间内，准备好所辖区段的所有进路，并确认进路上的相关信号。

（2）因设备故障而改用区段进路行车法的区段，在首次排列进路时，各联锁站根据行调的命令排列所辖区段的列车进路。

（3）当某一区段的信号机均由一个联锁站控制时，在列车出清区段后，该联锁站立即准备该区段上的后续列车进路。

（4）当某一区段的信号机分别由两个联锁站控制时，在列车出清区段后，接车联锁站立即准备该区段在本联锁区范围的后续列车进路，并在确认信号开放后通知发车联锁站；发车联锁站必须得到接车联锁站进路准备好的通知并复诵后，方可准备该区段在本联锁区范围的相关进路；接车联锁站通知发车联锁站的用语为"××信号机至××信号机（或折返线）进路准备好"，发车站复诵。

（5）在列车出清本站后，各站按规定填写《行车日志》，并向前方站和后方站报开点，《行规》规定的报点站还须向行调报告开点。

2. 电话闭塞法

电话闭塞法是一种在信号联锁故障或信号不具备联锁功能时，车站（车厂）人工办理相关区段内列车进路、钩锁进路上的相关道岔，与邻站（厂）之间以电话记录作为同意占用区间的凭证，填写路票（如图 2-4 所示）交给驾驶员，驾驶员凭车站（厂）发出的路票行车的行车办法。

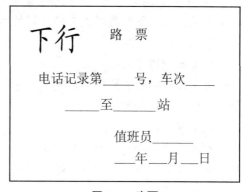

图 2-4　路票

1）行车组织原则

（1）每一个区段内只允许一列列车占用。

（2）占用区段的行车凭证为路票，区段内的信号机显示视为无效。

（3）人工准备进路时，按来车方向由远到近顺序依次排列。

（4）各站在准备好本站发车进路后，方可请求闭塞；在准备好本站接车进路后，方可同意闭塞。

（5）闭塞区段划分。在正线上，每一个站间区间加前方站站台区域为一个区段（即正向运行时为本站头端墙至前方站头端墙，反方向运行时为本站的尾端墙至前方的尾端墙）。出入车厂时的闭塞区段一般以车站站台至列车出入厂信号机来划分。

2）行车组织办法

（1）在行调发布采用电话闭塞法组织行车的命令后，各闭塞站的发车进路均视为有人。车站（有道岔车站）可直接进入线路准备发车进路。

（2）对于接车进路，各站在行调发布列车位置的调度命令后，确认本站接车进路对应的区间无列车占用，且邻站防护设置后，方可下线路办理接车进路。

（3）行调在核对列车位置时，应优先确认列车运行前方进路为有道岔进路的空闲情况，特别是站前渡线（交叉渡线）的终点站，必须严格确认接车站台空闲。确认完毕后，应及时向车站通告确认结果。

（4）当列车停在区间道岔前方时，车站先与行调确认列车已停稳后，再按行调要求进入线路钩锁列车前方道岔。现场人员在来车方向设置防护，并人工办理列车进路。

（5）在按电话闭塞法组织行车时，若行调因故组织列车退行或反向运行，必须与到达方向车站确认区间空闲，经到达站同意后，方可组织列车退行。

（6）在实施区段电话闭塞法的线路发生故障后，列车停在非闭塞站时，则该站视为区间，由行调通知该列车动车到前方闭塞站后，按照电话闭塞法组织行车。

（7）当信号系统恢复联锁条件后，行调在发布取消电话闭塞法命令前，必须与车站确认线路上人员出清后，方可发布取消命令。

（8）递交路票原则上由值班员以上人员执行，若因车站确实无法安排时，值班站长可安排经过培训且部门认可的站务员递交路票。但必须向站务员强调递交路票的注意事项。

3. 站间电话联系法

站间电话联系法是一种在信号设备出现故障的情况下，列车凭调度命令和车站的发车手信号占用区间，驾驶员以人工模式驾驶列车运行的一种行车办法。

1）行车组织原则

（1）排列进路原则。

即采用效率优先原则（原则上先排发车进路，再排接车进路，在特殊情况下，车站可根据实际情况进行调整）。

（2）防护原则。

现场就地防护与端墙防护原则结合（排列发车进路时，红闪灯由现场人员就地设置；排列接车进路时，红闪灯由发车站在端墙处设置，现场人员就地设置）。

（3）出清原则。

撤除防护，现场避让出清线路（工具、备品出清及人员在安全位置）。

（4）车站站内原则上使用无线调度电台进行行车联系。

2）行车组织办法

（1）行调及时向有关车站发布命令。从什么时间起，在×站至×站间采用站间电话联系法组织行车；由行调或通过车站通知驾驶员口头调度命令的内容。

（2）车站和行调共同确认第一趟发出的列车运行前方的车站和区间空闲。

（3）驾驶员在故障区段范围内的各区间运行，凭行调口头命令用 RM 模式驾驶，注意加强瞭望和行车安全。

（4）有关站值班站长接到行调命令后，采用就地级组织控制行车；在每个站台监控亭分别派值班员负责接发列车，并通知邻站采用站间电话联系法组织行车。

（5）进路准备。故障联锁站正线上的道岔均要开通正线，并使用钩锁器锁定；两端站的折返道岔在确认位置正确后，使用钩锁器，但只挂不锁。

（6）接、发列车。接车站值班员确认站内线路及区间空闲后，同意接车；发车站值班员接到接车站同意接车的通知后，向驾驶员显示发车指示信号，驾驶员关门并确认发车指示信号显示正确后开车。

（7）每一站间区间及前方站内线路内只允许一趟列车占用。

2.2.2 非正常情况下行车秩序调整方法

为了实现按图行车，行车调度员要努力组织列车正点运行，而组织列车正点始发又是列车正点运行的基础。对始发列车，行车调度员应对列车出段、列车折返交路和客流情况等各方面掌握具体并正确组织运行，以确保正点始发。

由于列车途中运缓、作业延误或设备故障等原因，难免出现列车运行晚点、线路中断等特殊情况。此时，行车调度员应根据列车运行的实际情况，按恢复正点和行车安全兼顾的原则，根据规定的列车等级进行运行调整，尽可能在最短的时间内使晚点列车恢复正点运行。

1. 抽线

采用抽线停运方式，可以快速恢复按时刻表行车，控制中心行调同有关车站和驾驶员发布抽线命令，抽线后组织后续列车在终点站替开正点车次时，需通知车站和驾驶员。

2. 扣车

及时对前行列车和后续列车进行扣车，防止多列车进入同一区间。

3. 越站（跳停）

因列车冲标、运营组织需要、公安或上级部门需要等原因，列车需越过《运营时刻表》中规定的停站地点，到下一车站投入服务。

如国庆期间，广州火车站滞留乘客较多时，公安部门出于安全考虑，会通知广州地铁公司组织二号线、五号线上下行部分列车不停靠广州火车站。

驾驶员接到行调关于列车不停站通过的命令时，应认真确认需越过的车站和重新投入服务的地点，同时沿途注意做好广播服务。

4. 列车反向运行

正常情况下，城市轨道列车运行进路分为上行、下行两个方向运行，如有违反常规运行方向的，称为反方向运行。如广州地铁一号线正线为双线，列车运行方向按右侧行车，西朗往广州东站为上行，反之为下行，如图2-5（a）所示。如果列车在原定的上行线路上往西朗方向运行，即为反向运行，如图2-5（b）所示。

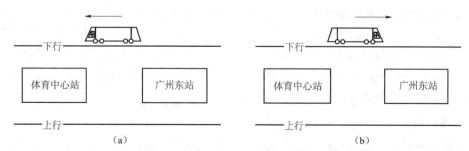

图2-5 非正常情况下行车

（a）正常运行；（b）反向运行

载客列车原则上是不能反方向运行的，除非因线路阻塞导致降级运营或列车因意外需要退回到车站。另外，非载客列车在开行救援列车和列车调试过程中也会出现这种情况。

驾驶员只有接到行调命令，了解清楚反向运行的进路情况后，才能驾驶列车反向运行。同时要注意：原则上是采用牵引运行，沿途要确认反向信号机的显示；反向运行时，如果车站安装了屏蔽门（安全门），无法与车门联动打开，并且只有在正常运行方向才设有手动开关，当反向运行需要开、关屏蔽门（安全门）时，行调会提前通知车站，安排人员协助驾驶员开、关屏蔽门（安全门），驾驶员要和协助人员做好联控。

5. 列车推进运行

推进运行是与牵引运行相对而言的，是指在列车运行方向的后端驾驶室操纵列车运行，或救援列车在被救援列车运行方向的后端推进运行。如图 2-6 所示。

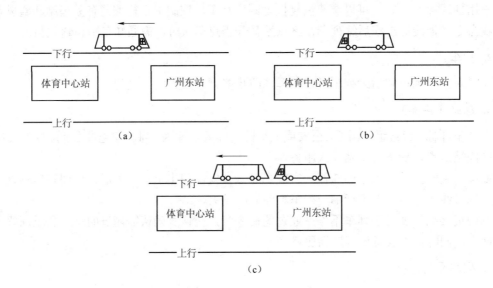

图 2-6 列车推进运行
（a）正常运行；（b）右端驾驶室操纵运行；（c）救援列车推进运行

除非因意外需要组织列车退回车站、列车救援或者列车故障需要换端动车，否则，行调不会组织列车推进运行。

驾驶员必须得到行调的调度命令，并且由具有引导员资格以上的人员负责引导（凭自身动力动车时，行调通知车站具有引导员资格的人员上车引导）；列车救援时，由被救援列车驾驶员在列车运行前端负责引导。只有在列车运行前端引导时，才可以按照规定的驾驶模式和速度运行。运行过程中，驾驶员要与引导人员加强联系，当难以辨认信号或引导员与驾驶员无法随时联系时，驾驶员要及时停车，确保安全。

6. 列车退行

在非正常情况下，列车与原运行方向相反运行为退行，可以进行推进运行或牵引运行，如图 2-7 所示。原运行方向既可以是正常的运行方向，也可以是反向运行方向。而反向运行是指违反常规的运行方向。

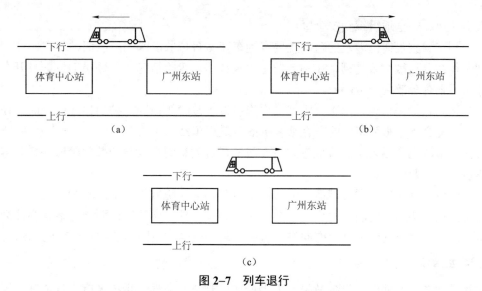

图 2–7 列车退行

（a）原运行方式；（b）牵引退行方式；（c）推进退行方式

通常情况下，退行主要是列车进站对标时超出较多，需后退对标，或者列车运行到区间后，因突发事件需要退回到前发车站。

当列车因故在区间停车需要退行时，为避免与后续列车发生冲突，驾驶员必须得到行调的命令，并且原则上必须换端牵引运行。但需后端驾驶推进运行时，运行前端必须有引导员资格以上的人员引导。

另外，还有两点需要注意：

1）如需退回车站时，行调会通知相关车站安排接车人员在进站端墙处显示引导信号。列车在进站端墙外必须一度停车，驾驶员确认引导信号正确方可进站。

2）如果车站安装了屏蔽门（安全门），在列车退行回车站后无法与车门联动打开，并且只有在正常运行方向才设有手动开关，而列车又需要开、关屏蔽门（安全门）时，行调会提前通知车站安排人员协助驾驶员开、关屏蔽门（安全门），驾驶员要和协助人员做好联控。

7. 列车清客

清客主要包括以下两种情况：

（1）根据正常的运营需要，列车运行至终点站，在进行站后折返或回厂前，要求所有乘客离开车厢的行为。

（2）指列车在运行途中，因设备故障、人为操作失误、指挥调度失误、列车救援、客流原因引起的行车调整需要等原因，不能将乘客送达目的地，中途要求所有乘客离开车厢的行为。

第一种情况属于正常的运营组织需要，各行车相关岗位已有相关作业流程要求，驾驶员按照规定的作业流程作业即可。

对于第二种情况，驾驶员接到行调清客命令后，应立即打开车门、屏蔽门，通知车站，并播放清客广播清客；待确认车站清完客后关门，报行调按其指示执行。

8. 疏散

疏散是指在各种突发危险、有害因素未达到伤害人员生命状态之前，将城市轨道列车内所有人员快速、安全地组织到安全区域。

（1）列车驾驶员岗位涉及的疏散主要有列车在站台疏散及区间疏散两种。

列车在站台疏散主要是列车在站台发生火灾或爆炸等险情时，驾驶员需立即打开车门，用广播引导乘客疏散到安全区域。

（2）区间疏散是指列车由于火灾或供电设备发生故障等原因，被迫停在区间时，在相关车站人员的配合下，将列车上的所有乘客疏散至最近车站。

目前城市轨道交通采用的疏散方式主要包括通过列车两端紧急疏散门疏散和打开客室门通过疏散平台疏散两种。

按照疏散方向不同，通过疏散门的疏散又可分为前端疏散、后端疏散和两端疏散。前端疏散是指向列车头部方向疏散；后端疏散是指往列车尾部方向疏散；两端疏散是指往列车头部和尾部疏散。现场具体往哪个方向进行疏散，需要根据发生险情的地点及影响判断。

9. 列车救援

救援是指在运营期间因设备故障、人为操作（判断）失误、指挥调度失误或其他原因导致或确认某列车无法凭自身动力动车，需由另一列车（或工程车）将其推（拉）离的情况。

根据救援列车推（拉）离故障车的不同，救援分为推进救援和牵引救援两种，如图2-8所示。

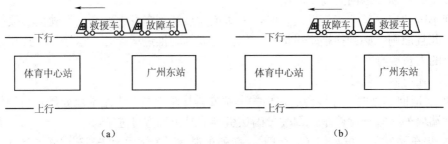

图2-8 列车救援

（a）牵引救援；（b）推进救援

根据救援车是否载客，可分为空车救援和载客救援。通常情况下都采用空车救援。但随着列车行车间隔的压缩，载客救援的情况也逐渐增多，载客救援列车需要在运行到最近一站时组织清客。

救援过程中驾驶员岗位的关键作业包括故障车的防溜、救援车与故障车的连挂和试拉，以及故障车防溜措施的撤除等。

广州地铁列车救援程序及时间要求如表2-6所示。

表2-6 广州地铁列车救援程序及时间要求

时间/min	救援程序及时间要求		
	行调	故障车驾驶员	救援车驾驶员
00	接报故障	将故障简要报告行调，通过广播安抚乘客	后续列车运行到后方车站停车待令，播临时停车广播
01			
02	通知后续列车到后方车站扣车	进行故障处理	
03			

时间/min	救援程序及时间要求		
	行　调	故障车驾驶员	救援车驾驶员
04	通知后续列车清客、向救援车预发命令	进行故障处理	接收救援命令，清客，做好动车准备
05			
06	向故障车发救援命令	清客，接收行调命令	
07	通知后续列车担任救援任务		动车
08		做好连挂准备	驾驶列车距故障车 1 m 停车
09			
10			
11			
12			确认做好防溜，连挂、试拉
13		确认制动缓解、进路安全	
14			确认故障车制动缓解
15		指挥动车	动车后立即报行调

❋ 2.2.3　ATC 设备故障时的行车组织

1. ATS 系统故障

现场进路正常，列车仍能够以 ATO 模式运行，行调不能在中央信号设备上监控列车状态，部分 ATS 功能不能实现时，行调可以通过有限制的监控或者授权车站信号工作站监控列车状态。

2. ATO 系统故障

列车不能以 ATO 模式运行，需要降级到 RM 模式（ATP 保护下的人工模式）运行，司机确认进路安全，人工驾驶。

3. ATP 系统故障

列车需要降级到 RM 模式或者 URM/cut–out 模式（切除信号模式）运行，驾驶员确认进路安全，人工驾驶。

❋ 2.2.4　车辆故障时的行车组织

1. 车辆故障处理原则

列车在正线发生不影响运行的故障时，行调组织该车运行至存有备用车的终点站退出服务，避免故障进一步扩大，并及时通知检调派人检修。若驾驶员申请打旁路动车时，行调要求驾驶员确认安全后，打旁路动车，并及时通知检调。

2. 车辆故障救援处理原则

实施救援时，担任救援的列车必须在前方站清客，空车前往救援；遇故障车需在区间救援时，被救援列车挂上后的第一个车站为清客站。列车发生故障时，行调视情况及时扣停后续第二列或第三列客车在就近设有辅助线的车站内，避免多列列车停放在故障车与后方就近辅助线的线路上，并做好小交路运营的准备。列车在区间故障，如无人引导时，不要求驾驶员尝试后退，达到时限后立即组织救援。下面以广州地铁为例，描述列车故障时的处理和行车组织流程，如图 2-9 所示。

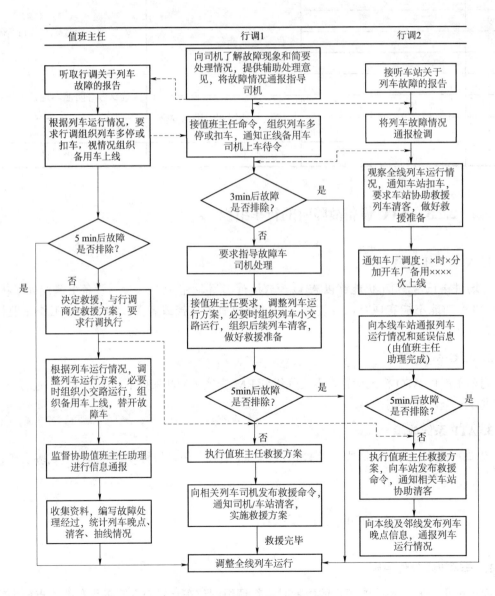

图2-9 列车故障处理流程图

任务实施

序号	非正常行车组织	实 施 内 容
1	扣车	行调在相应站台停车点未释放前，在MMI（列车自动监视系统的人机接口）上点击需要扣车的站台，选择"保持信号"，并执行
		行调通过无线调度电话直接通知驾驶员在×车站待令/扣车（多停），并用有线调度电话通知车站×次列车在你站待令/扣车（多停）
		行调通知车站在LCP（设于站台控制室控制台上，设有扣车、取消扣车、紧急停车、取消紧停、灯泡测试等按钮，与站台紧急停车按钮相连通）盘上执行"扣车"，紧急情况下可采取紧急停车措施
		因较大事件需扣停某一车站后续所有列车在车站，在MMI点击相应站台，选择"信号返回"并执行
		行调也可以采用在MMI上修改停站时间在站多停
2	扣车的放行	扣车原则上执行"谁扣谁放"，只有在ATS故障时，对原MMI扣停的列车，经行调授权后由相关车站放行。行调通知车站"扣车"的，由行调通知车站"放行"
		列车在站停稳（可通过CCTV监控）后，行调在MMI上再次点击相应的站台，选择"继续"，并执行
		行调通过无线调度电话直接通知驾驶员在×车站取消待令/扣车（多停），并用有线调度电话通知车站×次列车在你站取消待令/扣车（多停）
		行调选择"信号返回"连续扣车，需每个车站执行"继续"或进行"放行"
3	越站	行调报告值班主任，决定越站
		行调在MMI上相应站台区段执行"终止站停"命令，或执行"略过此信号"、修改目的码、在"调整"菜单中执行"不停"命令
		行调向驾驶员发布命令：××次列车在×站越站，做好乘客服务
		行调向本站发布命令：××次列车在你站越站，做好乘客服务
		行调向后续站发布命令：××次列车在前一站越站，请你站做好乘客引导
		不影响后续列车正点运行或折返后能够正点始发的晚点列车，原则上不得越站通过
		末班车或乘客无返乘条件的列车，不得越站通过。不准三列及其以上客运列车在同一车站连续越站通过。始发站不准两列及其以上客运列车连续放空

续表

序号	非正常行车组织	实 施 内 容
4	抽线	调整列车间隔（多停、修正运行时分、早开晚发）
		行调向全线各站（信号楼）发布命令：因运营调整需要，××次列车××至××站间抽线，前后列车均有调整，各站做好乘客服务
		行调电话通知两端换乘室：××次列车抽线
		及时组织车辆段加开或正线回库下线列车、备用车替开抽线列车
5	加开列车	行调根据运营需要安排车辆段（停车场）准备加开列车
		行调向信号楼调度员发布加开命令，组织列车在转换轨待令
		行调向相关车站发布加开命令
		跟踪信号楼加开列车准备情况
		加开列车到达转换轨后，确认加开车次、方向。行调在 MMI 上输入车次及车号
		行调及时调整列车间隔
		及时通知加开列车驾驶员动车
6	在站清客	行调报告值班主任，决定清客
		行调向列车驾驶员发布命令：××次列车在×站清客
		行调向车站发布命令：××次列车清客，做好乘客服务
		救援列车清客广播两次后，可关闭客室照明，2 分钟内未能清客完毕，可带客前往救援。列车到达存车线（车辆段）前，行调安排车站、公安配合再次清客
7	区间清客	行调报告值班主任，决定执行区间清客
		行调向列车驾驶员发布命令：××次列车区间清客，确定疏散方向
		行调向车站（区间两端站）发布命令：××次列车××至××区间清客，确定疏散方向，做好乘客服务
		行调通知邻线列车驾驶员限速，加强瞭望，注意安全
		驾驶员按照行车调度员的要求，打开逃生门，在站务人员的配合下，组织乘客有序疏散
8	列车反向运行	值班主任决定反方向方案，行调安排方案具体操作
		行调交出控制权，解锁进路道岔单独锁定，关闭敌对进路信号机自排（追踪）状态

序号	非正常行车组织	实 施 内 容
8	列车反向运行	行调向车站发布命令：××列车反方向运行路径，各站做好乘客服务
		行调向驾驶员发布命令：××列车反方向运行路径
		原则上行调在 MMI 上一次性排列好运行进路。通知反方向运行列车驾驶员动车
		行调及时扣停敌对进路列车
9	列车退行	行调向值班主任报告，按值班主任下达方案执行
		行调向接车站发布命令：××次列车退行回你站，请做好乘客引导及防护工作
		行调向前方各车站发布（退行列车）延误信息，要求做好乘客服务
		行调在 MMI 上排列退行进路。无进路情况下，道岔单独锁定，命令驾驶员确认进路安全动车
		行调向退行驾驶员发布命令：××次列车退行回×站，加强瞭望，注意安全，确认引导信号
		驾驶员采取后退模式（或者换端的方式）退行，进站前一度停车，确认车站引导手信号
		退行列车到达接车站，行车调度员根据值班主任方案分别向车站、驾驶员布置任务与要求

拓展任务 2.3　车场内作业

❋ 2.3.1　基地（停车场）内调车作业

（1）严格执行"问路式"调车规定，基本原则是"进路要进路，出路要出路"，标准用语："信号楼，××××道，××××车，请求进路"。

（2）正常情况下必须凭地面信号显示行车，认真确认进路、道岔位置及信号机显示，发现异常，及时停车，按规定做好呼唤应答及一度停车作业标准。

（3）严格执行限速规定，出入车库限速 5 km/h，基地（停车场）线路调车限速 20 km/h，采用限速向前模式（RMF）驾驶列车，动车前须确认信号及库门开启的情况，并鸣笛以示动车警告。

（4）电客车在基地（停车场）内运行时，严禁其受电弓在分段绝缘器位置停车，列车停放停车库时，不得压住平交道口。

（5）在尽头线上调车时，距线路终端应有 10 米安全距离，遇特殊情况必须小于 10 米时，严格控制速度并采取防溜措施。

（6）基地（停车场）内道岔区段及其他 300 米以下曲线半径线路，原则上不得进行电客车连挂作业。特殊情况下需进行连挂作业时，须确认钩位，如果车钩不能达到对中范围的要求，须进行手动调整；在 150 米曲线半径的线路上连挂时，如没有车辆系统专业人员在现场进行技术指导，则禁止连挂。

（7）迷雾天气作业时，当能见度大于 100 米时，应适当降低速度，调车人员应加强瞭望，注意安全；当能见度小于 100 米时，禁止口头传达计划；必须作业时，试车线调试限速 25 km/h，调试列车距尽头线末端至少保持 50 米以上的安全距离。能见度小于 50 米时，禁止调车作业和调试作业。

（8）当无线通信出现故障时，原则上不进行调车作业，必要时驾驶员要使用手机联系信号楼调度员，双方明确作业办法。

（9）在基地（停车场）内调车时，严禁驾驶员采用后退模式调车，如遇特殊情况必须退行时，驾驶员应与信号楼调度员联系，经同意，换端后（或有胜任人员防护后）方可执行。

❇ 2.3.2　洗车作业

（1）列车进洗车库前应一度停车，驾驶员与洗车库操作人员联系确认，具备洗车条件后，洗车库操作人员及时联系驾驶员，驾驶员得到洗车操作人员的通知后，确认库门开启，入库信号灯显示绿色后方可动车。

（2）需前端面清洗作业时，驾驶员应按规定位置停车对位。在清洗端面前，驾驶员应确认雨刮器处于关闭位。前端面清洗完毕后，确认端洗设备撤除、无侵入限界，进行信号显示绿色，听从洗车库操作人员指挥动车，继续进行侧面清洗。

（3）需后端面清洗作业时，驾驶员应按规定位置停车对位。在清洗后端面作业前，驾驶员应确认后雨刮器处于关闭位。后端面清洗完毕后，驾驶员确认进行信号灯显示绿色，听从洗车库操作人员指挥，继续进行侧面清洗。

（4）全列车洗车作业完毕，洗车库操作人员通知驾驶员，驾驶员换端后与信号楼联系进路。出洗车库时，必须限速 3 km/h，不得超速。

（5）在洗车作业过程中，驾驶员必须注意监听无线电，随时与操作人员联系或听取操作人员的指令。

（6）驾驶员在清洗区发现危害行车安全等异常情况，应立即停车。

🏁 项目反思

1. 运营工作的顺利进行需要哪些岗位的协同工作？这些岗位分别发挥了什么重要作用？
2. 驾驶员通过哪些渠道接收行车指令与信息。分别在什么情况下使用？
3. 在乘坐城市轨道列车时观察各种行车信号与行车标志，解读其中所包含的信息。

项目 3

列车整备作业

项目描述

列车在投入正线运营前，城市轨道列车驾驶员应对列车的整体状态进行检查，以确定列车是否具备运营条件，整备完毕的列车才能在行车调度员的指挥下出库运营。本项目要求学生按照正确的流程及检查标准，进行一次列车整备检查，填写检查报告单，并将发现的故障向行车调度员汇报。

学习目标

1. 了解城市轨道交通车辆设备编号原则。
2. 掌握车辆基本构造、驾驶室设备及客室设备的结构。
3. 认识驾驶台主要操作装置与设备。
4. 掌握列车整备检查流程及检查标准。
5. 认识车辆显示屏界面的信息图标。
6. 能够独立完成列车整备作业。

任务 3.1　完成列车静态检查

任务布置

任务名称	完成列车静态检查
任务要求	熟练掌握列车静态检查的流程及标准，按照图 3−1 中的行走路线进行一次列车静态检查

续表

任务名称	完成列车静态检查
任务要求	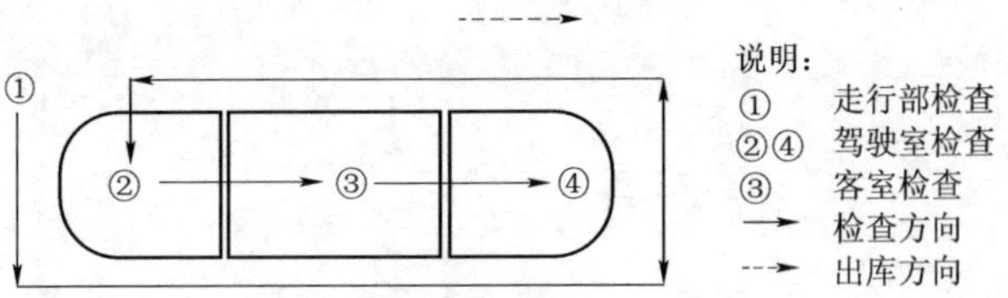  图3–1　静态检查行走路线
任务准备	1. 场地：城市轨道交通运营企业车场或者车辆结构与运用仿真实训室。 2. 资料：当地城市轨道交通运营企业列车整备检查记录单
引导问题	1. 城市轨道列车的基本构造有哪些？ 2. 城市轨道列车驾驶室有哪些设备？ 3. 城市轨道列车客室有哪些设备

3.1.1　列车编组形式及车辆编号原则

1. 列车编组形式

城轨列车的编组形式有 4 辆编组、6 辆编组、8 辆编组等形式。为了便于表示列车编组形式，通常使用以下符号来表示车辆类型。

M：表示带有动力转向架的动车模块。

T：表示带有非动力转向架的拖车模块。

另外，还可在车厢模块符号上添加角标作为区分。

其中，

P：表示车顶安装了受电弓。

C：表示车体带有驾驶室。

1）广州地铁编组方式

广州地铁采用四动两拖 6 辆编组。其中 A（T_C）、B（M_P）、C（M）车组成一个单元车，两个单元车组成 1 列完整的列车。编组形式表示为：

$$–A+B+C=C+B+A–$$

其中，

–：表示全自动车钩。

=：表示半自动车钩。

+：表示半永久牵引杆。

2）苏州地铁编组方式

苏州地铁采用两动两拖 4 辆编组，编组形式表示为：

$$=T_C+M_P=M_P+T_C=$$

其中,

=：表示半自动车钩。

+：表示半永久牵引杆。

3）长春轻轨编组方式

长春轻轨采用四动两拖 6 辆编组。编组形式表示为：

$$-M_C+T_P+M=M+T_P+M_C-$$

其中,

−：表示密接式车钩。

=：表示半永久车钩。

+：表示风挡铰接及油压减振器装置。

2. 车辆编号原则

车辆编号原则按车辆种类（数字或字母）+车辆类型+某类型单元车辆连续编号。例如广州地铁"01A02"，表示广州地铁一号线列车（01 表示）的第二个单元车（02 表示）的 A 车（A 表示）；长春轻轨"M_C1"表示长春轻轨列车第一个单元车（1 表示）的 M_C 车（M_C 表示）。

3. 车辆Ⅰ、Ⅱ位端的定义

1）带有驾驶室的车辆

驾驶室所在端为Ⅰ位端，另一端为Ⅱ位端。

2）不带有驾驶室的车辆

靠近本单元驾驶室的一段为Ⅰ位端，另一端为Ⅱ位端。

4. 车辆、列车侧面的定义

1）车辆的侧面

站在车辆内部，面向车辆Ⅰ位端，观察者左侧即为车辆的左侧，又称 1 侧，另一侧为车辆的右侧，又称 2 侧。

2）列车的侧面

站在车辆内部，面向列车行进方向，观察者的左侧即为列车的左侧，另一侧为列车的右侧。车辆的左、右侧是固定的，而列车的左、右侧是随牵引方向的变化而改变的。

5. 车辆设备编号原则

车辆设备从车辆Ⅰ位端向Ⅱ位端依次编号，若左右侧均有，则车辆左侧设备编号以奇数为序，右侧设备编号以偶数为序。

❀ 3.1.2 车辆基本构造

1. 车体

1）车体定义

车体是容纳乘客和驾驶员（对于有驾驶室的车辆）的部分，又是安装和连接其他设备及组件的基础。

2）车体类型

（1）按照车体所使用的材料可分为碳素钢车体、铝合金车体和不锈钢车体三种。早期的城轨交通车辆车体材料基本上是碳素钢（包括普通低碳钢和耐候钢），目前主要使用铝合金和不锈钢。

（2）按照车体结构有无驾驶室可分为带驾驶室车体和无驾驶室车体两种。

（3）按照车体尺寸可分为 A 型车车体、B 型车车体和 C 型车车体，如广州地铁 1 号线、2 号线和深圳地铁车辆采用了 A 型车车体；昆明地铁 1 号线、广州地铁 3 号线、4 号线和天津滨海轻轨采用了 B 型车车体；长春轻轨 3 号线、4 号线都采用 C 型车车体。

（4）按照车体结构工艺不同分为一体化结构和模块化结构。

一体化结构就是将车体的总构架焊接完成后再进行其他部件、功能的组装，如广州地铁 1 号线车辆采用的是一体化结构。模块化结构就是将车体分为各个模块进行制造、部件组装后，再将各个模块进行拼装，广州地铁 2 号线车辆采用的是模块化结构。

地铁车辆整体承载结构车体是由若干纵向梁、横向梁和立柱组成的钢骨架 （也称钢结构），以及内饰板、外蒙皮、地板、顶板、隔热材料、隔音材料、车窗、车门及采光设施等组成部件，主要由底架、侧墙、端墙、车顶、车门、车窗等多个单独模块构成，如图 3-2 所示。

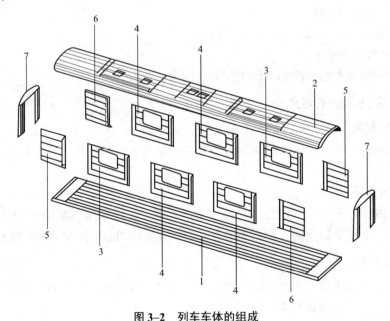

图 3-2　列车车体的组成

1—底架；2—车顶；3，4—侧墙；5，6—侧墙末端；7—端墙组件

2. 转向架

转向架是支撑车体及其载重并引导车辆沿着轨道运行的走行装置。转向架主要由构架、轮对轴箱装置、齿轮传动装置、弹性悬挂装置、基础制动装置等组成，动力转向架上还装有牵引驱动装置，如图 3-3 所示。

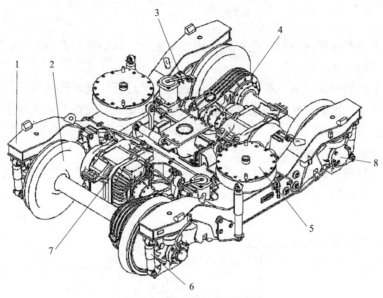

图 3-3 动力转向架的组成

1—构架；2—轮对；3—基础制动装置；4—齿轮传动装置；5—二系悬挂装置；

6—一系悬挂装置；7—牵引驱动装置；8—轴箱装置

1）构架

构架是转向架各组成部分的安装基础，如图 3-4 所示。通过构架把转向架的组成部件组合成一个整体，构架也是转向架承载的主要部件。它不仅承受和传递各种作用力及载荷，而且它的结构形状、尺寸和大小都应满足各零部件的结构、形状及组装的要求（如应满足制动装置、弹簧减振装置、轴箱定位装置的安装要求）。

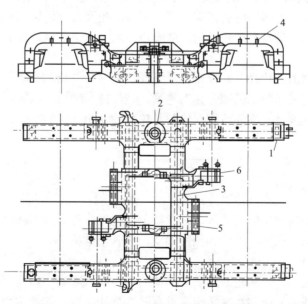

图 3-4 广州地铁 1 号线车辆转向架的构架

1—侧梁；2—空气弹簧座；3—横梁；4—轴箱导框；5—牵引电机安装座；6—齿轮箱吊座

2）轮对轴箱装置

（1）轮对。

轮对是由一根车轴和两个相同的车轮采用过盈配合牢固地结合在一起，是组成转向架的重要部分之一，如图3-5所示。

轮对承担车辆的全部载荷，引导车辆沿着钢轨高速运行，同时还承受着从车体、钢轨传来的各种力的作用。因此，轮对应具有足够的强度，以保证在允许的最高速度和最大载荷下安全运行。应在强度足够和保证一定使用寿命的前提下，使其质量最小，并具有一定的弹性，以减少轮轨之间的作用力和磨耗。

轨道交通车辆使用的车轴，绝大多数为圆截面实心轴，由于各部位受力状态不同，其直径也不一致。动车车轴结构如图3-6所示。

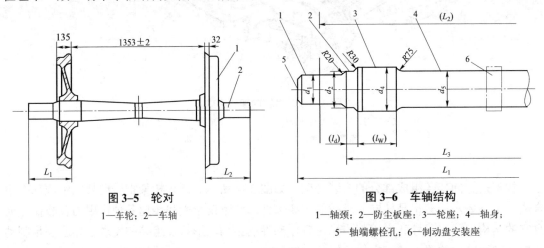

图3-5 轮对
1—车轮；2—车轴

图3-6 车轴结构
1—轴颈；2—防尘板座；3—轮座；4—轴身；
5—轴端螺栓孔；6—制动盘安装座

车轮的结构、形状、尺寸、材质是多种多样的。按其结构分为整体车轮和带箍车轮两种。整体车轮按其材质可分为辗钢轮和铸钢轮等。带箍车轮又可分为铸钢辐板轮心车轮、辗钢辐板轮心车轮以及铸钢辐条轮心车轮。为降低噪声，减小簧下质量，还有橡胶弹性车轮、消声轮等。

整体辗钢轮由踏面、轮缘、辐板和轮毂组成，如图3-7所示。车轮与钢轨的接触面称为踏面；一侧沿着圆周突起的圆弧部分称为轮缘，是保持车辆沿钢轨运行、防止脱轨的重要部分；踏面沿径向的厚度部分称为轮辋；轮毂是轮与轴互相配合的部分；轮辋与轮毂联接的部分称为辐板。

（2）轴箱装置。

轴箱装置的作用是将轮对和构架联系在一起，并把车辆的重量以及各种载荷传递给轮对，使轮对沿钢轨的滚动转化为车体沿线路的平动。保证良好的润滑性能，减少磨耗，减少阻力，防止燃轴。一般城市轨道车辆用的滚动轴承按滚动体形状可分为：圆柱滚动轴承、圆锥滚动轴承、球面滚动轴承。图3-8所示为圆柱滚动轴承轴箱结构。

3）弹性悬挂装置

为了减少线路的不平顺和轮对运动对车体的各种动态影响（如垂向振动和横向振动等），在轮对与构架之间或者构架与车体之间，设有弹性悬挂装置，前者称为轴箱悬挂装置（又称一系悬挂），后者称为构架（有的构架还带有摇枕）悬挂装置（又称二系悬挂）。弹性悬挂装置包括弹性装置、减振装置和定位装置。

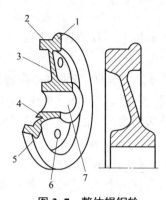

图 3-7　整体辗钢轮

1—轮辋；2—踏面；3—辐板；4—轮毂；

5—轮缘；6—工艺孔；7—轮毂孔

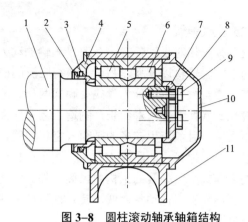

图 3-8　圆柱滚动轴承轴箱结构

1—车轴；2—防尘挡圈；3—油封；4—后盖；

5—42726T 轴承；6—152726T 轴承；7—压板；

8—防松片；9—螺栓；10—前盖；11—轴箱体

（1）扭杆弹簧和环弹簧。

扭杆弹簧不同于螺旋弹簧，它只承受扭转变形，在载荷相同的情况下，扭杆弹簧比螺旋弹簧质量轻。扭杆弹簧为一根直杆，它的两端支承在轴承支座上，端部固定两个曲柄，支座固定在构架上，如图 3-9（a）所示。当两个曲柄相反转动时，扭杆则产生抵抗扭矩。

环弹簧由多组内、外环簧组成，彼此以锥面相互接触，当受到轴向载荷后，内环受压缩小，外环受拉伸长，从而使内环与外环的锥面产生轴向变形，同时内外摩擦面做功吸收能量。环簧常用于缓冲器中，如图 3-9（b）所示。

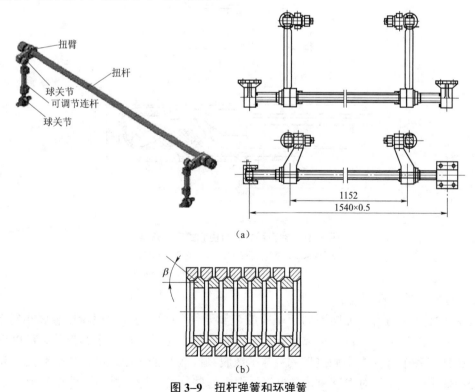

（a）

（b）

图 3-9　扭杆弹簧和环弹簧

（a）扭杆弹簧；（b）环弹簧

（2）空气弹簧。

空气弹簧相对于钢弹簧，在改善车辆的动力性能和运行品质上具有显著的优点，所以在近代的地铁、轻轨以及高速列车上获得广泛的应用。

空气弹簧大体上可分为囊式和膜式两类。囊式空气弹簧可分为单曲、双曲和多曲等形式。双曲囊式空气弹簧使用寿命长，制造工艺比较简单。但刚度大，振动频率高，所以铁道车辆上已不采用。目前应用较多的是膜式空气弹簧，它有两种结构形式，即约束膜式空气弹簧和自由膜式空气弹簧，如图 3–10（a）和图 3–10（b）所示。

约束膜式空气弹簧的结构由内筒、外筒和将两者连接在一起的橡胶囊组成。这种形式的空气弹簧刚度小、振动频率低，其弹性特性曲线容易通过约束群的形状来控制，但橡胶囊工作状况复杂，耐久性差。

自由膜式空气弹簧由于没有约束橡胶囊变形的内、外筒，可以减轻橡胶囊的磨耗，提高了使用寿命。它本身的安装高度比较低，可以明显降低车辆地板面距轨面的高度。质量轻，并且其弹性特性可以通过改变上盖板边缘的包角加以适当调整，使弹簧具有良好的负载特性。所以，在无摇动台装置的空气弹簧转向架上应用较多。

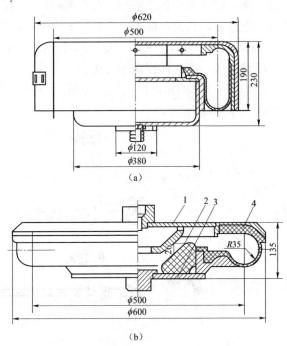

图 3–10　约束膜式和自由膜式空气弹簧

（a）约束膜式空气弹簧；（b）自由膜式空气弹簧

1—上盖板；2—应急层叠弹簧；3—下盖板；4—橡胶囊

（3）橡胶弹性元件。

橡胶弹性元件的力学性能不同于一般的金属元件，橡胶的弹性模量比金属小得多，可以获得较大的弹性变形，容易实现预想的非线性特性。可以自由确定其形状，可以根据设计要求达到在各个方向上不同刚度的要求。橡胶具有较高的内阻，对衰减高频振动和隔音有良好的效果。橡胶相对密度小，自重轻。由于这些特性，橡胶弹性元件在轨道车辆上获得越来越广泛的应用，常常用于转向架弹簧装置和轴箱定位装置，弹簧支承面上采用橡胶缓冲垫、衬套、止挡等。

（4）减振器。

车辆上采用的减振器与弹簧一起构成弹簧减振装置。弹簧主要起缓冲作用，缓和来自轨道的冲击和振动的激扰力。而减振器的作用是减少振动，它的作用力总是与运动的方向相反，起着阻止振动、消耗能量的作用。通常减振器是将机械能转化为热能，减振阻力的方式和数值不同，直接影响到减振性能。

轨道车辆采用的减振器按阻力特性可分为常阻力和变阻力两种减振器；按安装位置可分为轴箱减振器和中央减振器；按减振方向可分为垂向减振器、横向减振器和纵向减振器；按结构特点又可分为摩擦减振器和液压（又称油压）减振器。轨道交通车辆一般都使用油压减振器。

油压减振器主要由活塞、进油阀、缸端密封、上下联结环、油缸、储油筒及防尘罩等部分组成，减振器内部还充有专用油液，如图 3-11 所示。

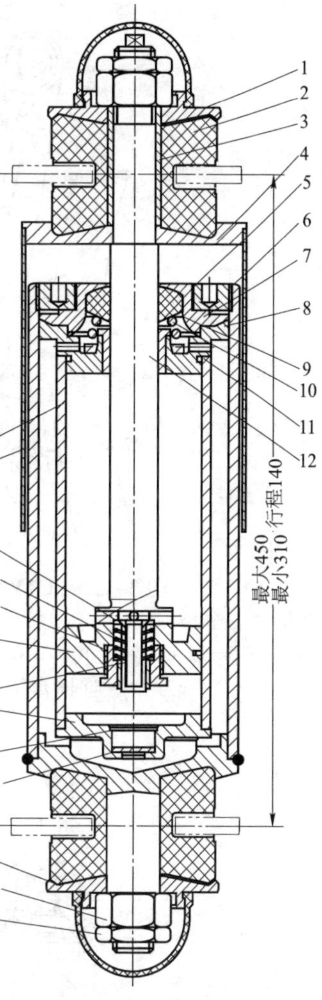

4）基础制动装置

（1）闸瓦制动装置

广州、上海等地铁车辆采用的是由德国克诺尔制动机公司生产的单元制动机。在每个转向架上有两种型号的踏面单元制动器，分别为 PC7Y 型和 PC7YF 型踏面单元制动机，它还附带弹簧制动器，也称为停放制动端。

PC7Y 型踏面单元制动器主要由制动缸、活塞、活塞杆、制动杠杆、单向闸瓦间隙调整器、闸瓦托、闸瓦托吊、缓解弹簧、闸瓦托复位弹簧和用于更换闸瓦的推杆复位机构等组成，如图 3-12 所示。

（2）盘形制动装置。

在每根车轴上装有两个制动盘，每个制动盘有一个盘形制动单元，以三点悬挂式悬挂在构架横梁上的制动缸吊座上，中间悬挂基本上是整个制动单元的重心处，承受全部重量，两个闸片吊承受两块闸片切向力并将此力传递到转向架构架上，中间悬挂点有带梯形的螺杆，安装时转动螺杆移动制动单元，可使两边的间隙比较均匀。每个转向架有四个膜板制动缸和四个踏面清扫制动缸，并有管系和制动缸连接，如图 3-13 所示。

图 3-11 SFK$_1$ 型油压减振器的组成

1—压板；2—橡胶垫；3—套；4—防尘罩；
5，8—密封圈；6—螺盖；7—密封盖；9—密封托垫；
10—密封弹簧；11—缸端盖；12—活塞杆；13—缸体；
14—储油筒；15—芯阀；16—芯阀弹簧；17—阀座；
18—涨圈；19—阀套；20—进油阀体；21—锁环；
22—阀瓣；23—防锈帽；24，25—螺母

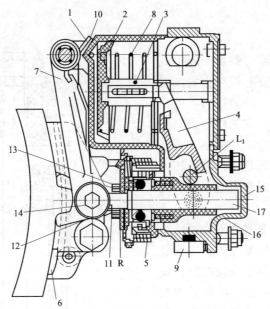

图 3–12　PC7Y 型踏面单元制动器（不带停车制动器）

1—制动缸；2—制动活塞；3—制动活塞杆；4—制动杠杆；5—单向闸瓦间隙调整器；6—闸瓦托；7—闸瓦托吊；
8—缓解弹簧；9—透气滤清器；10—闸瓦托复位弹簧；11—推杆头；12—弹簧垫圈；13—调整螺母；14—螺栓；
15—外体；16—闸瓦间隙调整器体；17—螺杆；L_1—制动杠杆转动中心；R—齿轮啮合面

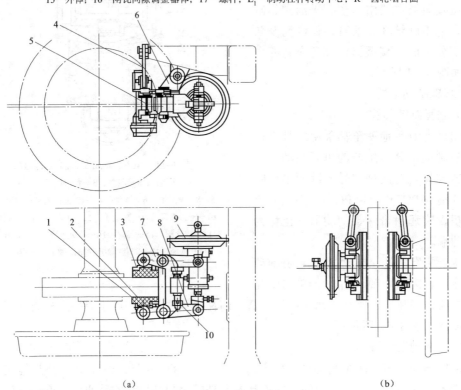

（a）　　　　　　　　　　　　　　　　　　　　　　（b）

图 3–13　盘形制动单元

（a）俯视图；（b）左视图

1—闸片；2—右闸片托；3—左闸片托；4—闸片托吊；5—闸片吊销；
6—杠杆吊座；7—内侧杠杆；8—外侧杠杆；9—膜板制动缸；10—螺杆

5) 转向架架承车体的装置

城市轨道交通车辆典型的架承车体装置如图 3-14 所示。长春客车厂设计的地铁转向架就采用了这种结构的中央牵引装置，其结构是中心销上端用螺栓固定在车体枕梁上，下部插在能够传递纵向力的牵引梁孔中，能够自如地垂向运动和回转。牵引梁与构架横梁之间设有牵引叠层橡胶，它的特性是纵向较硬、横向柔软，所以既能有效地传递纵向力，又能随空气弹簧做横向运动。每台转向架设四组牵引叠层橡胶，安装时能使其在纵向倾斜，以便牵引梁对准转向架中心。可按隔离纵向振动的要求选定牵引叠层橡胶的纵向刚度值，同时要保证纵向无滑动部位和间隙存在。中心销下部连有空气簧异常上升止挡，当空气簧因故过充时，可以限制车体不断上升，保证安全；在起吊车体时，可使转向架同车体一起被吊起。

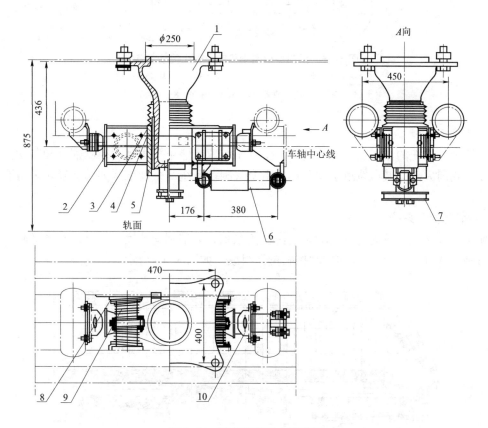

图 3-14　转向架架承车体装置

1—中心销；2—牵引梁；3—防尘罩；4—衬套；5—中心销套；6—横向油压减振器；
7—空气簧异常上升止挡；8—安装板；9—牵引叠层橡胶；10—横向缓冲橡胶

6) 牵引传动装置

城市轨道交通车辆的动力转向架，不论是采用直流牵引电动机还是交流牵引电动机，均需通过机械减速装置，才能将电动机的扭矩转化为轮对转矩，再利用轮轨的黏着作用，驱动车辆沿着钢轨运行，而牵引电动机的布置形式直接影响着转向架的动力性能。图 3-15 所示是横向牵引电动机空心轴式传动装置的布置形式。

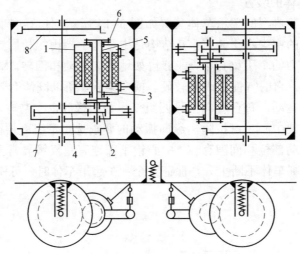

图3-15　横向牵引电动机空心轴式传动装置

1—牵引电动机；2—小齿轮；3—驱动轴；4—大齿轮；

5—空心轴；6—联轴器；7—减速齿轮箱；8—制动盘

3. 制动系统

车辆制动系统的作用是产生制动力，使列车减速或停车。由制动控制部分和制动执行部分组成。我国大部分城市轨道交通车辆采用空气制动系统，个别地区如长春轻轨采用液压制动系统。

1）空气制动系统

城市轨道交通车辆的空气制动系统由供气系统、基础制动装置（常见的有闸瓦制动装置与盘形制动装置）、防滑装置和制动控制单元组成，如图3-16所示。

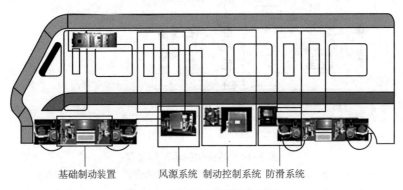

基础制动装置　　风源系统　制动控制系统　防滑系统

图3-16　空气制动系统的组成

目前，我国新造的城市轨道列车多用EP 2002制动控制系统，它由EP 2002阀、制动控制模块、空气制动力切除装置及驾驶室中的双针压力表等部件组成。EP 2002阀相当于常规制动控制系统中制动微机控制单元ECU和制动控制单元BCU的集成部件，根据功能的不同，EP 2002阀可以分为智能阀、RIO阀（远程输入/输出阀）和网关阀三种。制动控制模块主要由风缸及其辅助部件组成，主要作用是储存风源，施加和缓解停放制动，向EP 2002阀和空气悬挂装置供风。EP 2002 制动系统框图如图 3-17 所示。

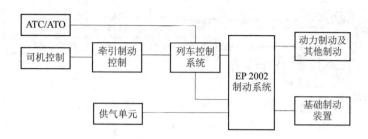

图 3-17　EP 2002 制动系统框图

2）液压制动系统

长春轻轨的液压制动系统由制动器控制单元 BCU、液压单元及制动夹钳组成，如图 3-18 所示。其中，液压单元包括两个主要功能：压力供应和压力控制。压力供应功能由油箱、齿轮泵、直流电机、安全压力调节阀、止回阀、过滤器和集合管等部件实现；压力控制功能由部件过滤器、2/2 路阀和比例压力调节阀实现。

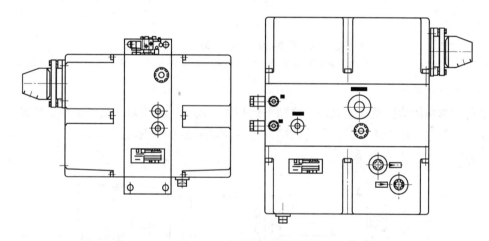

图 3-18　长春轻轨液压单元

4. 车辆连接装置

车辆连接装置主要包括车钩缓冲装置和贯通道装置，通过它们使列车中车辆相互连接，实现相邻车辆之间的纵向力传递和通道的连接。

1）车钩缓冲装置

车钩缓冲装置是连接车辆的基本部件，其作用是连接车辆，使单节的车辆能连挂成一列编组列车，并使车辆之间彼此保持一定的距离，传递动车牵引力、缓和车辆之间的纵向力和冲击力。此外，还可以实现车辆间的电路和气路连接。

车辆车钩缓冲装置分为自动车钩、半自动车钩、半永久牵引杆三种类型。

（1）自动车钩。

自动车钩可实现两列车机械、气路、电路的自动连接。主要由机械钩头、风管连接器等部分组成，如图 3-19 所示。

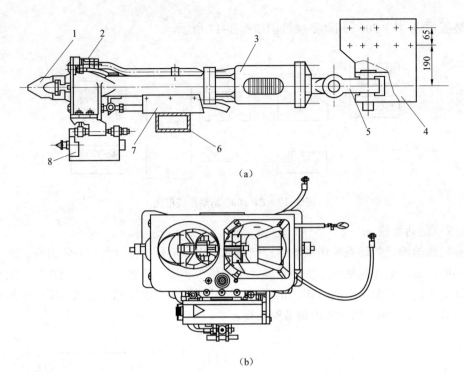

（a）

（b）

图 3-19　自动车钩

1—车钩钩头；2—风管连接器；3—橡胶金属片式缓冲器；4—冲击座；5—十字头；6—托架；7—磨耗板；8—电气连接器

（2）半自动车钩。

半自动车钩的构造及基本原理与自动车钩基本相同，不同的是它只可实现机械及气路的自动连挂，而电气连挂需用扳手手动连接。其结构如图 3-20 所示。

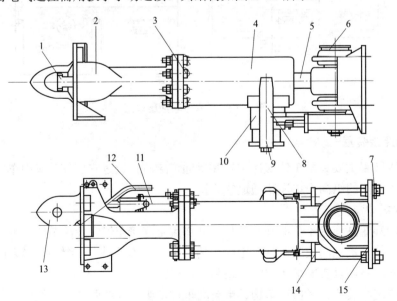

图 3-20　半自动车钩

1—钩舌；2—钩体；3—连接螺栓；4—缓冲器；5—车钩拉杆；6—钩尾箱；7—安装螺栓螺母；8—支架；9—钩高调整装置；
10—支承弹簧盒；11—解钩风缸；12—解钩手柄；13—凸锥；14—水平复原弹簧盒；15—安装座

（3）半永久牵引杆。

地铁车辆半永久性牵引杆结构如图 3-21 所示。其主要特征为：半永久性牵引杆是将两车的连接方式由车钩连接改为用一根牵引杆代替，将自动车钩中的两个车钩钩体取消，牵引杆的两端直接与两个缓冲器相连，无自动机械解钩功能，需人工气路、电路连挂。

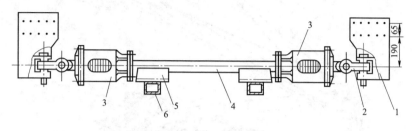

图 3-21　半永久牵引杆

1—连接座；2—十字头；3—缓冲器；4—牵引杆；5—磨耗板；6—车钩托梁

2）贯通道装置

贯通道装置也叫风挡装置，位于两节车厢连接处，是两车辆通道连接的部分，它具有良好的防雨、防风、防尘、隔音、隔热等功能，能使乘客安全地穿行于车厢之间。风挡装置分为整体式和分体式。在该装置的下部还设有分式渡板，连接处由车钩支撑。贯通道风挡侧向断面图的结构如图 3-22 所示。

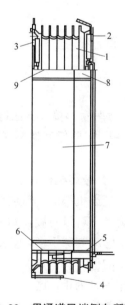

图 3-22　贯通道风挡侧向断面图

1—波纹折棚；2—紧固框架；3—连接框架；4—滑动支架；5—渡板组成（1）；6—渡板组成（2）；
7—内侧板；8—单层顶板；9—顶板

5. 受电弓

受电弓由底架、构架、弓头、拉伸装置及下部组成。正常情况下，可通过压缩空气升起受电弓，实现受流的作用，如图 3-23 所示。

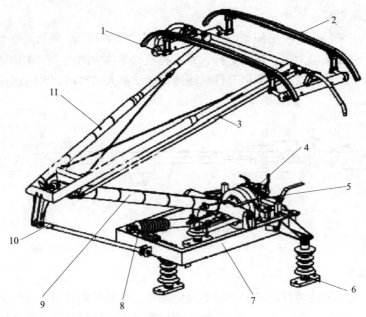

图 3-23　受电弓的结构

1—集电器头；2—碳条；3—电流连接器装置，集电器；4—导杆；5—气源；6—提升装置；
7—电流连接器装置、基底；8—支持绝缘子；9—底座；10—系统阻尼器；11—下拉臂

❈ 3.1.3　驾驶室设备与装置

1. 司机座椅

司机座椅是驾驶室的必备装置。驾驶室座椅设计应符合人体工程学原理，提高驾驶员驾驶列车时乘坐的舒适性、便利性和实用性，降低其他不利影响。下面是长春轻轨三期车座椅，如图 3-24 所示。

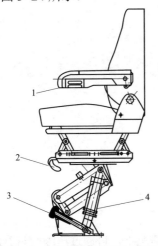

图 3-24　长春轻轨三期车座椅

1—扶手角度调节；2—座椅前后移动手柄；
3—体重调节手柄；4—减震悬浮机构

1）减震机构

减震机构的体重调节圆球手柄旋转方向标识，它既可以左旋，又可以右旋，驾驶员使用座椅前应根据自己的体重，用手转动圆球手柄，使其在座椅底座左右两边的红色指针所指示的值（60～130 kg 表示刻度），与驾驶员本人的体重大约相等时为止，这样，驾驶员坐上工作时，才能达到满意的减震效果。

2）旋转机构

座椅既能向左旋转调节，又能向右旋转调节，标识贴于旋转手柄上。驾驶员坐上座椅后，为了方便工作，需要将座椅转到某一角度时，将右手放下，提起旋转调节手柄，使其手柄与限位块分离，驾驶员用蹬地的脚和腰部扭动的力就能将座椅旋转，当转到驾驶员需要的角度时，即右手松开调节手柄，座椅在旋转力的作用下自行定位，若需再改变角度，

重复上述动作，即可完成±65°、±90°、±180°的旋转并定位锁紧。

3）升降机构

座椅可以前、后独立升降，驾驶员坐上座椅后，为了工作的方便，需要调节座椅坐垫的前部高度或后部高度时，驾驶员只需放下右手，轻提"前升降"手柄后，利用驾驶员本人的体重，座椅前沿在体重力的作用下自然下降，当达到驾驶员所需的高度时，即松开右手，此时升降高度即自动锁定于此位置。若需调节后升降时，驾驶员将右手放下，轻提"后升降"手柄，利用驾驶员后坐的力，即能使座椅下降。如需要座椅升高时，驾驶员同样用右手轻提手柄，升降机构在弹簧的弹力作用下自动升高，松开右手，即能定位。

4）座椅的前后调节

座椅可以前后移动，上面双箭头表示座椅可以前后移动，右面向上箭头表示手柄可以向上提起，即双固定锁打开，驾驶员工作时，为了方便操作，需要座椅前后移动时，驾驶员垂下右手，轻提前后移动手柄，然后驾驶员用脚蹬地，稍用力即可使座椅往前或往后移动，当移动到满意位置时，驾驶员的右手即可松开手柄，使其定位于此位置。

5）座垫相对于靠背前后移动

移动标识贴于坐垫前后移动的调节手柄上，上方箭头表示坐垫能够前后移动，右面箭头表示手柄可以向上提起，即打开固定锁。驾驶员坐上座椅后需要调整坐垫相对靠背的前后位置时，将右手垂下，握住坐垫前后移动手柄，并往上轻提，此时驾驶员利用自己臀部的力，即可使坐垫前后移动，当坐垫达到满意位置时，驾驶员即可松开右手，坐垫就会自行固定于此位置。

6）靠背的倾斜角调节

移动标识贴于靠背倾斜角手柄上，弧形双箭头表示靠背可以转动，驾驶员坐上座椅后需要调节靠背的倾角时，将右手垂于后下角，握住靠背调节手柄并提起，此时利用驾驶员本人靠背、靠背的力即可使靠背倾斜，当达到驾驶员满意的角度时，即松开手柄，此时靠背即自行定位于此位置。

7）扶手的倾斜角调节

驾驶员为了使扶手的倾斜角和靠背的倾斜角一致，可以用左手或右手放于扶手前部，四指转动该调节手柄，即可使扶手倾斜角改变，调到驾驶员满意时，即松开左右手。

2. 驾驶室通风单元

驾驶室通风单元，如图3-25所示，位于驾驶室天花板上，用于控制驾驶室的通风。

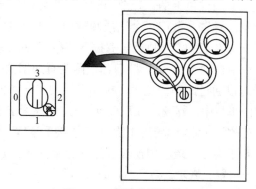

图3-25 驾驶室通风单元

在驾驶室通风单元面板上配有一个具有四个挡位的凸轮旋转开关,用以调节风扇速度(三速)。此外,通风口安装了可以转动的叶片,通过人工转动叶片,就可以改变通风风向。

驾驶室通风单元与空调管道网相连,空调冷气取自本车空调。

3. 疏散门

疏散门是列车上设计的一个紧急疏散下车通道,一般安装在驾驶室前端墙的中央。如图 3-26 所示。

根据设计的不同,疏散门有两种不同的设计形式:一种是直接以端墙门作为下车通道的踏板(如广州地铁 A1 型车);另一种则需要通过搭设脚手架形成下车通道(如广州地铁 A2 型车)。

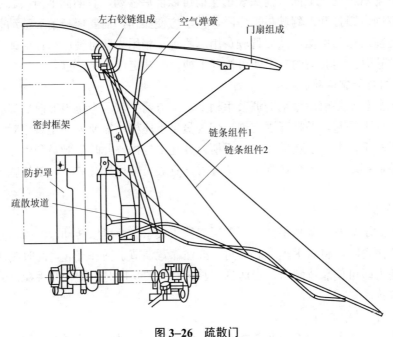

图 3-26 疏散门

在 A1 型车中,驾驶室疏散门的上方安装了一个红色手柄,拉下手柄,可以解锁对应的疏散门。疏散门的下方铰接于车体,这样,解锁疏散门后,驾驶员手动将疏散门推向前方一定的距离后,疏散门将自动倒向轨道方向。如果疏散门放下后,仍距轨面有一定的高度,驾驶员可以按压位于踏板左上方的红色手柄,疏散门的外侧板将继续向下滑伸 30 cm 左右的长度(如外侧板下方有障碍物或踩踏疏散门,会造成疏散门与轨面接触,则不能进行此操作,以免损坏门端墙面板)。关闭疏散门时,驾驶员只需拉下疏散门回收绳索,即可收回疏散门(如外侧板打开,将在回收工程中自动复位)。疏散门踏板两侧有凹槽拉手,如果疏散门收回时未实现一次性收回,驾驶员可以通过此凹槽拉手,拉动疏散门快速到位,使疏散门实现锁闭。

在使用扶梯的疏散门的车型中,驾驶员打开疏散门前,应先将扶梯的护盖移开,然后通过手柄解锁疏散门,并打开疏散门(此类型疏散门的上部铰接于车体,这样,在疏散门解锁后,驾驶员将疏散门推向前一定距离后,疏散门在液压弹簧的作用下往上打开),接着将折叠的脚手架展开,搭在指定的固定位置。恢复疏散门时,首先将脚手架收回并折叠,然后通过回收拉绳将疏散端墙门收回,接着将解锁手柄旋至正常位,锁定疏散门,最后放好脚手架,盖好盖板。

4. 驾驶室侧门与驾驶室门

驾驶室侧门位于驾驶室的左、右侧。驾驶室侧门有采用滑动式设计的（如广州地铁 A1 型车，如图 3-27 所示），也有采用铰接式设计的（如广州地铁 B 型车），相对滑动式车门而言，铰接式车门比较占用驾驶室空间，对驾驶员进出造成一定的不便。驾驶室侧门把手安装了机械锁块，有采用锁芯控制的（使用主钥匙或副钥匙操作，如广州地铁 A1 型车与 A2 型车），也有采用锁栓控制的（便用方孔钥匙操作，室内侧设有安全小锁）。另外，驾驶室侧门上方安装了手动滑动式玻璃窗。

驾驶室门是驾驶室通向客室的通道门，位于驾驶室的后部中央。驾驶室门采用折页铰接，装有门锁，在设计疏散门的车型中，在驾驶室门的客室侧都设计安装了紧急解锁驾驶室门的装置。驾驶室门页上方设计了观察孔或安装了玻璃窗，下方设有通风格栅。

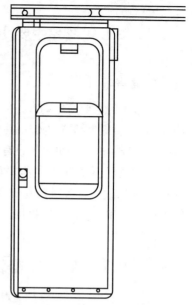

图 3-27　A1 型车驾驶室侧门

5. 遮阳帘

遮阳帘安装在驾驶台玻璃前窗的上方，用于遮挡阳光照射。

驾驶员在驾驶列车行驶的过程中，遇有较强烈的阳光或光束照射，影响视觉时，可以使用遮阳帘进行有效遮挡。使用时，拉下遮阳帘至适当位置即可，松手后，遮阳帘将自动锁定在被拉下的位置。拉动与锁止装置（安装在遮阳帘一端的端头处）连接的绳索，可释放锁止机构，遮阳帘自动回复原位。

6. 驾驶台

驾驶台是驾驶员进行列车驾驶和监控的工作台，集中安装了司机控制器、紧急停车按钮、受电装置升降开关或按钮、高速断路器分合按钮等。

此外，依据车辆设计和信号系统运用的不同，在不同车型的驾驶台上还设计安装了不同的开关和按钮，如直线电动机车辆的高加速按钮等。

7. 设备柜

驾驶室设备柜分为电气设备柜和电子设备柜。

电气设备柜一般设置在司机坐椅后方的右侧，主要用于安装继电器、小型断路器、开关与按钮等电气设备。

电子设备柜设置在司机坐椅后方的左侧，主要用于安装计算机设备，如车载 ATC 设备、广播控制单元等。

与驾驶员操作有关的开关、按钮、显示仪表等主要集中安装在电气设备柜的控制面板上，这些开关、按钮、仪表包括列车总控开关、蓄电池电压表、信号选择开关、空气制动旁路开关、停放制动旁路开关、气压不足旁路开关、车门旁路开关、紧急牵引开关等。同时，根据车辆设计与技术运用的不同，不同车型的控制面板还设计安装了诸如 MVB（多功能车辆总线）复位按钮、VOBC（车辆控制器）复位按钮、安全回路旁路开关、开关门模式切换开关等控制组件。

❋ 3.1.4 客室主要设备

1. 客室车门

客室车门主要有电动塞拉门、内藏平移电动门、外挂密闭电动门等几种类型，以电动塞拉门（如图 3-28 所示）为例，其中门页由铝框架、铝板、层压板、双层玻璃等组成。门页边用橡胶条压嵌而成。门页上方设有一套电动驱动机构，由门控单元（EDCU）、丝杠、制动单元、压轮、导轨、驱动电机、滚轮摆臂等组成。开关门的速度及压力可以通过调节车门控制单元（EDCU）来改变。每扇客室车门设有一套机械解锁机构（每节车的 5A 和 1B 门设有两套机械解锁机构）和一套门切除机构，以便在紧急情况下，能从客室内或外直接打开或切除车门。

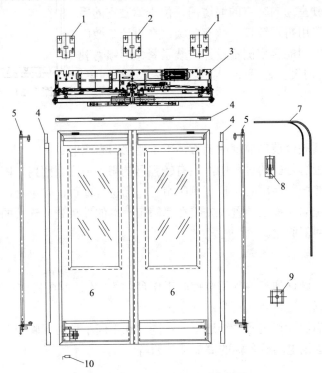

图 3-28 电动塞拉门系统结构图

1—吊装架；2—吊架；3—驱动机构组成；4—密封框组成（上、左、右三边）；5—旋转立柱组成（分左、右件）；
6—门板总成（分左、右门板）内；7—钢丝绳组成；8—内紧急解锁组成；9—外紧急解锁组成；10—隔离锁开关组成

1）车门状态指示灯

车门状态指示灯用于指示对应车门的开启、关闭与切除等状态，由两盏指示灯组成，其中一盏为橙色指示灯，另一盏为红色指示灯，设计安装在车门正上方的盖板处。

橙色指示灯用于指示车门解锁或关闭的状态，橙色指示灯点亮，表示对应车门已开启或未关闭。另外，橙色指示灯还具有灯光报警的作用，其在驾驶员按压关门按钮触发车载关门报警信号后，持续闪烁直至车门关闭，提示车门即将（3 s 延迟）或正在关闭。

红色指示灯用于指示对应车门的切除状态，在驾驶员将车门切除装置旋至"切除"位时点亮。

2）车门解锁装置与切除装置

每个客室车门均设计安装了车门解锁装置与切除装置。

（1）车门解锁装置是针对每一车门设置的应急辅助开启装置，在列车遇紧急情况或特殊情况，车门不能打开时使用。操作车门解锁装置，可以解锁对应的车门，在车门解锁后，需要使用人力推开车门。由于操作车门解锁装置会导致车门关好检测电路产生断路，因此，在车载 ATP 启用的情况下，ATP 将触发列车产生紧急制动。另外，在 L 型车中，由于车门受零速信号保护，如在列车运行中操作车门解锁装置，车门仍然不能即时打开，直至列车停车后方能推动车门打开。

（2）车门切除装置用于切断车门的开、关控制功能，在车门发生故障时使用。车门被切除（隔离）后，将不再受列车开、关门指令的控制，同时，使用紧急解锁装置也不能开启对应车门。另外，车门切除装置具有旁路的功能，将切除装置旋至"切除（隔离）"位，会旁路对应车门的状态检测电路，因此，在开启状态切除车门后，驾驶员必须手动将车门关闭，并尝试往两侧扳车门门页，检查车门是否锁闭，以防正开门走车。

不同开启或控制方式或不同制造商的车门，解锁装置与切除装置的使用或操作方法有所不同。在采用塞拉门的车型中，车门解锁装置安装在车门旁边（一般设置在右边）的车体侧墙上，带有透明塑料保护罩，车门切除装置设置在车门右门页的右下方，如图 3–28 所示。

解锁车门时，首先将透明罩取下（在某些特定车门，手柄转轴上方设有旋转栓，可使用方孔钥匙直接穿过透明罩的中空部分，操作旋转栓旋转手柄），然后将手柄沿顺时针方向旋转90°或135°（根据手柄设定情况而定，有箭头标识），即可解锁车门，如图 3–29 所示，直至手柄锁定。车门解锁后，车门将打开一条大概 30 mm 左右的缝隙，如列车尚在运行中，则需要较大的力才能推开车门，如列车在停车状态，则使用的力度大为减少。恢复解锁车门时，只需将解锁手柄旋回手柄初始位"0"位即可，在列车激活状态，车门自动关闭，在非激活状态，需驾驶员手动关闭车门。

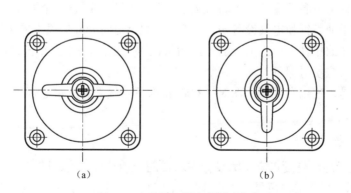

(a)   (b)

图 3–29　塞拉门紧急解锁手柄

（a）紧急解锁手柄正常位；（b）紧急解锁手柄解锁位

车门切除装置了"复位"和"隔离"两个操作位置，其中"隔离"位即为车门切除位，如图 3–30 所示。切除装置中的切除栓中央刻有一条红线，用以标识切除栓的作用位置。

切除车门时，如车门在开启状态，应先将车门关闭，方法是先将紧急解锁手柄旋至解锁

项目 3　列车整备作业

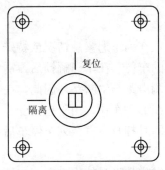

图 3-30 门切除装置（客室侧）

位，然后恢复。进行此操作后，正常情况下车门会自动关闭，如不能关闭，则手动关门（注意关门推力不能太大）。确认车门关闭后，用方孔钥匙将切除栓由"复位"位置逆时针旋转 90° 至"隔离"位（此时切除栓红线应与"隔离"线对齐），即可切除车门。如要恢复车门，只需将切除栓旋回"复位"位置即可。

塞拉门在设计时，在车门门页的外侧与车门内侧（客室）切除装置对称的位置，安装了一个同样的切除装置（操作方法同上），方便驾驶员操作。驾驶员由驾驶室前往故障车门处切除车门时，如相应故障车门处于关闭的状态，驾驶员无须进入客室，确认安全后，直接在外侧切除车门即可。

2. 乘客报警装置

乘客报警装置是设计安装在车厢车门附近的应急装置，供乘客遇特殊或紧急情况使用，用于向驾驶员提供或报告相关信息。

在早期的车辆设计中，乘客报警装置不具备通话功能，只是一个简单的按钮，乘客通过按压按钮为驾驶员提供一个报警信息。在最新设计的车辆中，乘客报警装置增加了通话功能，乘客按压报警按钮，在得到驾驶员确认后，即可与驾驶员实现通话。

乘客报警装置一般每节车设置不少于 3 个，有些车型则对应每对车门设置一个，间隔安装在左、右侧车门附近。

乘客报警按钮安装在车门上方盖板上，按压按钮，驾驶台显示屏会发出音频信号，同时显示相应车（对应车辆图标显示红色）乘客报警的信息。

乘客报警装置（带通话功能）安装在车门旁边的车体侧墙上，按压报警按钮，驾驶台显示屏会持续发出音频信号，直至驾驶员确认，同时，显示屏显示相应乘客报警位置。

3. 灭火器

每节车厢座椅下方各配置两个干粉灭火器（每个驾驶室配置一个）。

灭火器可用于油、气和电气设备初始火灾（不能用于 1 000 V 以上的电气设备火灾）。使用时，解开灭火器的扣件，取出灭火器，然后拔出保险销，一只手按下手柄，另一只握住灭火器喷嘴，对准火焰喷射即可。

需要注意的是，使用车载灭火器对 1 000 V 以下电气设备火灾进行灭火时，应保持 1 m 以上的安全距离。

4. LED 动态显示地图

LED 动态显示地图是近年来车辆设计中增设的一项功能，其通过在刻有站名与线路面板上 LED 灯的显示（红色与绿色显示），适时为乘客提供运行方向、目的地、到达站与下一站、开门方向等信息。

LED 动态地图受列车广播系统同步控制。当地图显示不正确时，驾驶员通过重启广播系统进行复位。

任务实施

序号	实施步骤	实施内容	检 查 标 准
1	进行走行部检查	检查车体前端外观	车体外壳正常；两块前挡风玻璃完好；雨刮器完好
2		检查头灯、尾灯、运行灯、终点站显示屏	外观无破损
3		检查全自动车钩	外观完好；各电路、风管路连接正常；电器连接盒盖关闭；钩舌位置正确；电器盒控制风缸阀门打开
4		检查车体侧墙外观	无明显损坏变形；各门、窗正常；列车标识（地铁徽记、标识灯）完整清晰
5		检查转向架	转向架下无止轮器；转向架构架完好；喷油嘴安装牢固；轮毂踏面无擦伤；闸瓦无裂纹；一系减震弹簧无裂纹；一系垂向油压减震器外观完好、无漏油；接地线安装牢固；空气弹簧外观完好、无泄漏；二系垂向油压减震器外观完好、无漏油；各空气管路连接正常、无泄漏；高度调整杆完好；速度传感器接线无松脱
6		检查车底设备	各设备箱安装牢固、箱门锁闭正常；空气管路系统塞门位置正确，无泄漏；风缸无泄漏；通风口锁闭正常、无堵塞
7		检查两节车连接	车钩无明显损坏变形；电气盖板和解钩盒锁闭良好；电缆软管无脱落；各塞门位置正确；车钩监控装置位置正确；车钩连接处无异物
8	在非出库端进行驾驶室检查	检查司机控制器	方向手柄、牵引手柄均在零位，完整无缺；警惕按钮动作灵活无卡滞
9		检查车载电台与各显示屏	外观完好
10		检查驾驶台面板	外罩完整；仪表、指示灯显示正确；按钮、开关位置正确
11		检查驾驶室备品	备品柜备品齐全（灭火器、此门不开条幅、手动缓解泵、呼吸帽扳手、回库牌、安全锤、防毒面具、门复位铲、铁鞋、紧固扳手、加力杆），功能良好；灭火器良好

项目 3 列车整备作业

续表

序号	实施步骤	实施内容	检 查 标 准
12	在非出库端进行驾驶室检查	检查驾驶室各门	锁闭良好，动作灵活无卡滞
13		检查驾驶室设备柜	设备柜内开关、保险位置正确
14	进行客室检查	检查客室内观	天花板、地板、门窗玻璃、座椅、拉手清洁，无明显损坏；LCD 屏、动态地图外观完好
15		检查照明	照明良好
16		检查贯通道	外观完好
17	在出库端进行驾驶室检查	内容同非出库端驾驶室	
18	列车整备检查记录单	填写列车整备检查记录单	记录要全面、清楚、准确，车辆设备编号要符合编号原则

任务 3.2　完成列车动态试验

任务名称	完成列车动态试验
任务要求	熟练掌握列车的操作方法和列车动态试验的流程及标准，完成一次列车动态试验
任务准备	1. 场地：城市轨道交通运营企业车场或者列车模拟驾驶实训室。 2. 资料：当地城市轨道运营企业列车整备检查记录单
引导问题	1. 城市轨道列车驾驶室驾驶台由哪些部分组成？ 2. 你认为驾驶台上哪些设备需要进行动态试验

❀ 3.2.1　钥匙配置

车辆钥匙是列车驾驶不可缺少的装备。

车辆出厂时，主要配置主钥匙、副钥匙和方孔钥匙三种钥匙。

主钥匙主要用于解锁与激活驾驶台。在早期设计中，主钥匙可以开启驾驶室门、侧门、设备柜门和电子柜门。为避免主钥匙发生磨损，造成无法激活驾驶台的问题，在后期设计中，取消了主钥匙可以开启车门的功能。

副钥匙用于开启除驾驶台外所有使用弹簧锁芯的设备门，如设备柜门、驾驶室门等。

方孔钥匙用于开启或锁闭使用锁栓的设备（如设备箱、设备盖、车门盖板等）和用于操作车门切除装置等。方孔钥匙的口径为 7 mm。

❋ 3.2.2　驾驶台主要操作装置与设备

驾驶台是驾驶员进行列车驾驶和监控的工作台，集中安装了司机控制器、紧急停车按钮、受电装置升降开关或按钮、高速断路器分合按钮、停放制动施加缓解按钮、自动车钩解钩按钮、客室和驾驶室照明开关、头灯控制、ATO（列车自动驾驶系统）启动按钮、AR（无人自动折返驾驶模式）按钮、列车广播系统控制按钮、无线电操作按钮、车辆显示屏、ATC（列车自动控制系统）显示屏、机械式速度表、双针压力表、解钩按钮以及安装在驾驶台上方侧墙上的车门控制按钮等用于列车驾驶和监控的操作装置、开关、按钮和显示设备。

此外，依据车辆设计和信号系统运用的不同，在不同车型的驾驶台上还设计安装了不同的开关和按钮，如图 3–31～图 3–37 所示。

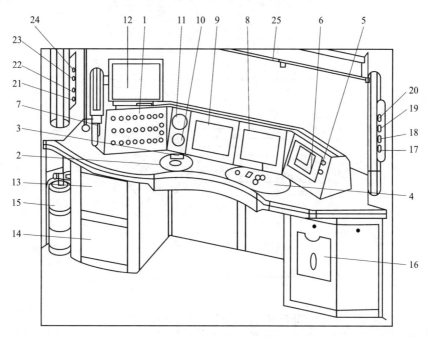

图 3–31　广州地铁 B 型车驾驶台设备布置

1—主控面板；2—驾驶面板；3—广播麦克风；4—司控器；5—紧急停车按钮；6—无线电台；7—无线电话筒；
8—ATC 显示屏；9—车辆显示屏；10—双针压力表；11—速度表；12—触摸视屏；13—储物箱；14—急救箱；
15—灭火器；16—时刻表夹；17—右门关按钮；18—右门开按钮；19—强制开右门按钮（带保护盖）；
20—右门开按钮（带保护盖）；21—左门关按钮；22—左门开按钮；23—强制开左门按钮（带保护盖）；
24—左门开按钮（带保护盖）；25—遮阳帘

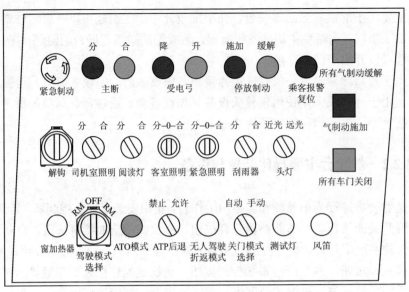

图 3-32　广州地铁 B 型车驾驶台主控面板控制元件布置

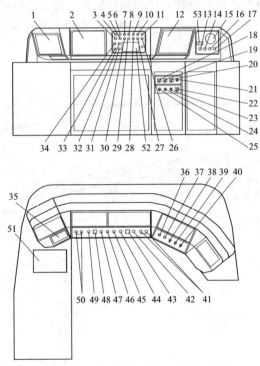

图 3-33　长春轻轨驾驶台设备布置

1—广播系统主机监视器；2—ATP（列车自动保护系统）显示器；3—主司机室指示；4—试灯按钮；5—车门关好；
6—车门未关好；7—升弓允许；8—升弓到位指示；9—降弓到位指示；10—ATP运行；11—车门关好蜂鸣器；
12—车辆显示屏；13—蓄电池合按钮；14—蓄电池断按钮；15—蓄电池电压表；16—车间电源指示；17—紧急牵引；
18—ATP主开关；19—客室电热开关；20—司机室电热开关；21—备用选择开关；22—废排风机开关；23—受电弓泵投入；
24—洗车开关；25—限速开关；26—警惕按钮蜂鸣器；27—牵引准备就绪；28—电制动工作指示；29—牵引封锁旁路；
30—制动未缓解；31—降弓按钮；32—升弓按钮；33—撒沙按钮；34—强泵开关；35—广播主机对讲器；36—雨刷开关；
37—雨刷水泵开关；38—司机室电热玻璃开关；39—司机室照明控制开关；40—客室照明控制开关；41—开右门按钮；
42—关右门按钮；43—头灯控制开关；44—电笛按钮；45—安全制动按钮；46—折返按钮；47—ATP人工限速；
48—门选择开关；49—关左门按钮；50—开左门按钮；51—司机控制器；52—无线电台控制器；53—里程计

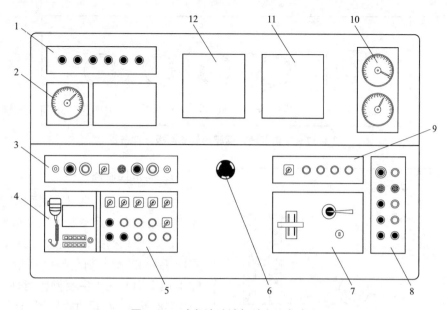

图 3-34　哈尔滨地铁驾驶台设备布置

1—状态指示面板；2，10—仪表面板；3，5，8—主控面板；4—语音控制单元；6—紧急制动按钮；

7—司机控制器；9—驾驶面板；11—ATC MMI（列车自动控制系统显示屏）；12—TMS MMI（列车监控系统显示屏）

图 3-35　哈尔滨地铁驾驶台状态指示面板元件布置

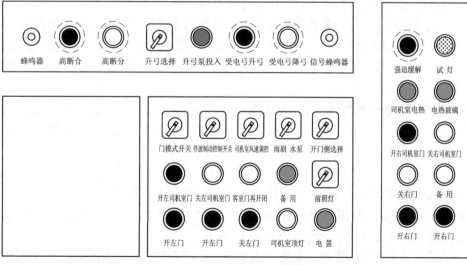

图 3-36　哈尔滨地铁驾驶台主控面板元件布置

项目

3

列车整备作业

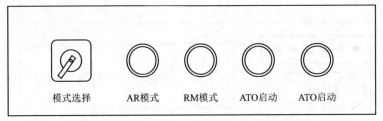

图 3-37　哈尔滨地铁驾驶台驾驶面板元件布置

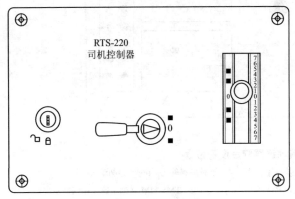

图 3-38　司机控制器

1. 司机控制器

司机控制器是驾驶员对列车进行激活控制、运行方向选择和人工驾驶时进行牵引、制动控制的操作装置，由钥匙开关、方向手柄和牵引/制动控制手柄（以下简称主控手柄）三个主要操作组件组成，如图 3-38 所示。在司机控制器面板下，各操作组件相应控制不同的行程开关，通过行程开关产生相应的控制命令。另外，主控手柄还控制一个角度变换器，通过角度变换器，产生牵引列车和制动列车所需的参考值信号。

1）钥匙开关

钥匙开关的作用是用于解锁和激活驾驶台，实现本端驾驶室对列车进行操作和控制的装置。

钥匙开关有"0（关）"位和"1（开）"位两个呈直角设计的操作位置。"0（关）"位为驾驶台锁闭位置，"1（开）"位为驾驶台解锁和激活的位置。根据司机控制器设计的不同，钥匙开关有采用与主控手柄和方向手柄集中安装在一块面板上的设计，也有将钥匙开关设计安装在驾驶台不同位置的设计，如驾驶台右侧下方或右侧上方。

钥匙开关的转动，需使用配置给列车的专用主钥匙才能操作，依据制造商的不同，钥匙开关的旋转方向有向顺时针方向旋转的，也有向逆时针方向旋转的。驾驶员进行钥匙开关的操作时，必须一次性旋转到位，以避免在中途出现停顿，引起相关系统计算机设备的不正常启动，导致系统死机。

列车两端的驾驶室通过车辆控制继电器实现电气联锁。当一端驾驶室的钥匙开关优先启动，旋转至"1（开）"位时，就启动了两个驾驶室的电气联锁，另一端驾驶室只能解锁驾驶台，而不能激活列车控制。

2）方向手柄

方向手柄是驾驶员用于选择列车运行方向的装置，有"前进（F）"位、"0"位和"后退（R）"位三个操作位置。根据司机控制器制造商的不同，方向手柄有采用前、后扳动型设计的，也有采用左、右旋转型设计的，如图 3-39 所示。

方向手柄的"前进（F）"位，是列车在本端驾驶室控制下，如需向前进方向运行，手柄必须放置的位置；"后退（R）"位是列车在本端驾驶室控制下，如需向后退方向运行，手柄必须放置的位置。方向手柄置于"后退（R）"位时，将向牵引控制单元输出一个限速指令，列车的后退运行速度最高只能达到指令所限定的速度；方向手柄的"0"位，是列车长时间停止运行或关闭列车前，手柄需要放置的位置。

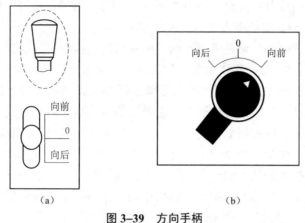

图 3–39 方向手柄

（a）前、后扳动型手柄；（b）左右旋转型手柄

首次启动列车前，驾驶员必须选择一个运行方向，而运行方向一旦选定，在运行中不能擅自改变，否则，将触发列车产生紧急制动。在驾驶列车运行过程中，驾驶员如需转换列车运行方向，必须待列车停车后方可转换。在使用 ATO、SM（受监控人工驾驶模式）驾驶模式等较高等级模式驾驶时，方向手柄只能选择前进运行模式，不能选择后退运行模式，RM（限制人工驾驶模型）的后退模式受到一定条件的限制。

此外，在部分车型的设计中，方向手柄还是列车端部外侧照射头灯、尾灯和运行灯的控制开关，其控制关系如下：

在驾驶台激活后，将方向手柄置于"0"位时，列车两端的尾灯（红色）和运行灯红灯亮（根据车辆设计而定），对列车两端起到防护的作用；方向手柄置于"前进（F）"位时，前端驾驶室对应的列车端部照射头灯和运行灯同时点亮，而后端仅尾灯（红色）和运行灯红灯点亮；方向手柄置于"后退（R）"位时，列车两端的所有头灯、尾灯和运行灯都将点亮。

3）主控手柄

主控手柄是驾驶员进行人工驾驶时，对列车进行牵引、调速和制动控制的操作装置，有"牵引"位、"0"位、"制动"位和"快制"位四个操作位置，其中，"牵引"位和"制动"位是可平滑移动的操作区域，"0"位和"快制"位则是有卡位限制的固定操作位置。此外，主控手柄上设计了一个操作按钮，一般习惯称其为警惕按钮（也称其为"死人按钮"或"蘑菇按钮"），这是驾驶员进行人工驾驶时，必须按压的一个安全防护装置，如图3–40所示。

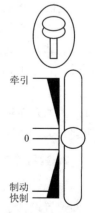

图 3–40 主控手柄

（1）主控手柄的"牵引"位是主控手柄发出牵引指令和牵引参考值信号的操作位置。将主控手柄从"0"位推至"牵引"位时，将输出满足列车牵引所需的牵引指令和牵引参考值信号。牵引参考值的大小随着主控手柄移动角度的增加而增大，当将主控手柄推至尽头时，将促使列车产生最大

的牵引加速度。驾驶员在驾驶过程中，可以通过来回移动手柄，对列车进行有目的的调速。

（2）主控手柄在"0"位，在手动驾驶模式下，列车既不产生牵引力，也不产生制动力，维持当前的运行状态或静止状态。另外，"0"位也是列车转换至 ATO 模式，并维持 ATO 模式运行的主控手柄必须放置的位置（ATO 模式下，操作主控手柄离开"0"位，ATO 模式自动取消，列车转换至 ATP 监控下人工驾驶模式 SM/PM）。

（3）主控手柄的"制动"位是主控手柄发出常用制动指令和常用制动参考值信号的操作位置。将主控手柄从"0"位拉至"制动"位，将产生常用制动指令和输出制动参考值信号，而制动参考值的大小随着主控手柄移动角度的增加而增大，当将主控手柄拉至"制动"位尽头时，将输出最大制动参考值信号，列车产生最大的常用制动力。驾驶员在驾驶过程中，可以通过来回移动手柄，实现对列车行进速度的控制并保证列车平稳、准确停车。

（4）主控手柄的"快制"位是一个具有卡位限制的固定操作位置，手柄在该位置具有明显的阻滞现象。将主控手柄从"制动"位拉至"快制"位，将输出快速制动指令，触发列车产生一个固定的接近紧急制动率的制动（依据车辆设计不同，有些车型为全空气制动，有些车型为电空联合制动）。快速制动实施后，依据车辆电路设计的不同，有些车型需主控手柄置回"0"位或直接置于"牵引"位后，快速制动方可缓解；有些车型只需主控手柄离开"快制"位后，快速制动即可缓解。

主控手柄上的警惕按钮是列车在人工驾驶时的一个安全保护装置。其作用是在列车处于人工驾驶状态时，一旦驾驶员失去知觉或发生其他异常情况，导致按钮被释放并达到一定时间后（一般为 5 s，该时间可调），触发列车产生紧急制动（依据车辆设计的不同，有些车型的警惕按钮既控制列车牵引指令线，又间接控制列车紧急制动回路；有些车型仅控制列车的紧急制动回路）。每次人工驾驶启动列车前，都必须先按警惕按钮，然后再将主控手柄推向"牵引"位，方可启动列车（在警惕按钮控制牵引指令线的车型中，如牵引未按压或松开警惕按钮，将会即时触发列车产生牵引封锁，这时，需将主控手柄置回"0"位，再推向"牵引"位，方可解除牵引封锁）。列车启动后，驾驶员应一直保持警惕按钮处于被按压的有效状态，直至列车停稳后方可松开。在列车 ATO 模式激活后，由于警惕按钮被旁路，此时列车运行，驾驶员无须按压该按钮。

4）钥匙开关、方向手柄和主控手柄的联锁关系

为防止驾驶员可能产生的误操作，司机控制器在钥匙开关、方向手柄和主控手柄之间设计安装了机械联锁装置。它们之间的联锁关系如下：

钥匙开关通过主钥匙旋至"1（开）"位后，方向手柄才能离开"0"位，置于"前进（F）"位或"后退（R）"位；只有当方向手柄置于"前进（F）"位或"后退（R）"位，主控手柄才能离开"0"位，推向"牵引"位或拉向"制动"位。反之，只有当主控手柄置回"0"位，方向手柄方能由"前进（F）"位或"后退（R）"位置回"0"位；方向手柄置回"0"位后，钥匙开关才能通过主钥匙旋回"0（关）"位，然后，主钥匙才能够取出。

2. 紧急停车按钮

紧急停车按钮是设计安装在驾驶台上的一个人工辅助紧急制动装置，有些车型在驾驶台中间位置设计了一个紧急停车按钮，也有的车型设计了两个紧急停车按钮，分布在整体式驾驶台的左右两侧或分体式驾驶台主台与副台的外侧边。

紧急停车按钮一般在列车行驶过程中遇到危及行车设备或人身安全等紧急情况时使用。在紧急情况下，驾驶员按下该按钮时，可即时触发列车产生紧急制动，同时触发列车的受电装置（受电弓或集电靴）自动降落和高速断路器自动断开。

紧急制动实施的是可靠的全空气制动，其制动力大小随着载荷的变化而变化，其制动力最小值即在空载状态下的制动力为 3×10^5 Pa。

紧急停车按钮触发的紧急制动，必须满足列车速度为零，且按钮恢复后，紧急制动方可缓解。在车载 ATP 设备投入使用的情况下，还需通过相关操作（如是西门子的 ATC 设备，驾驶员只需按压驾驶台上的 RM 按钮即可；对于阿尔卡特的 ATC 设备，需行调在人机界面上进行"取消紧制"的操作）方可最终缓解紧急制动。

紧急停车按钮为红色击打型设计，使用非自复式按钮，即按钮被按下后，将被锁定在按压位置，按按钮上方表面标识的箭头方向转动按钮时（一般设计为向逆时针方向转动），按钮可弹起恢复到起始位置。

列车两个驾驶室的紧急停车按钮一般设计为串联关系，即在任何一个驾驶室按压任何一个紧急停车按钮，都可以达到紧急制动列车的目的。

3. 受电装置控制开关

列车受电装置控制开关用于控制列车受电装置（受电弓与集电靴）的升与降。根据列车受电方式的不同，分为受电弓控制按钮和弓靴转换开关。

1）受电弓控制按钮

受电弓控制按钮在仅采用受电弓受电的车型中使用，用于控制列车受电弓的升与降，分为升弓按钮和降弓按钮。升弓、降弓按钮均采用自复式按钮。在分体式驾驶台，升弓、降弓按钮作为不常用的按钮安装在副驾驶台上。

升弓按钮设计为带绿色指示灯的按钮，降弓按钮设计为带红色指示灯的按钮。升弓、降弓按钮仅在驾驶台激活的情况下操作有效，而升弓、降弓灯的显示则不受驾驶台是否激活的条件所限。

（1）正常情况下，按压升弓按钮，可以激活列车所有受电弓的主控电路和保持电路。受电弓主控电路激活后，受电弓升弓电磁阀得电，开通受电弓风缸与列车主风管连接的管路，来自主风管的压力空气源源不断地充入受电弓风缸。在压力空气（一般设计要求不低于 3×10^5 Pa）和受电弓张力弹簧的作用下，列车的受电弓升起。当列车的所有受电弓完全升起至与接触网接触，且接触网电压不低于 1 000 V 时，列车两端驾驶室的受电弓升弓绿色指示灯点亮。

（2）正常情况下，按压降弓按钮，可以切断列车所有受电弓的主控电路和保持电路，受电弓升弓电磁阀失电，管路关闭，受电弓风缸压缩空气迅速排出，受电弓在风缸弹簧和重力的作用下，快速降落（在接近底座时，受张力弹簧作用，此阶段较为缓慢，防止对底座造成冲击）。当列车所有受电弓都降落至起始位置时，列车两端驾驶室的受电弓降弓红色指示灯点亮。

（3）正常情况下，如果按压升弓或降弓按钮时，两指示灯均出现不亮的状态，表明列车的受电弓处于不同的状态。

2）弓靴转换开关

弓靴转换开关是在以受电弓和集电靴组合（车辆段使用受电弓受电，正线使用集电靴受电）作为受电装置的列车中（如广州地铁 L 型车）设计安装的，对弓、靴进行升、降控制的开关。

弓靴转换开关有"0"、"升弓保持"、"升弓"、"升靴保持"和"升靴"五个操作位置，其中"0"位是降弓或降靴的操作位置。

弓靴转换开关不带状态指示灯，驾驶员进行升、降弓操作时，只能通过显示屏的显示进行受电弓升、降状态的判断。弓靴转换开关仅在驾驶台被激活的情况下操作方有效。

进行升弓操作时（在车辆段接触网供电范围或在转换轨进行弓靴转换），将开关直接旋至"升弓"位，维持 2 s 左右的时间，再将开关旋至"升弓保持位"。同理，进行升靴操作时（在正线、试车线或转换轨进行弓靴转换），按上述步骤将开关依次旋至"升靴"、"升靴保持"位。

进行降弓或降靴操作时，只需将两端驾驶室的弓靴转换开关旋回"0"位即可。

4. 高速断路器控制按钮

高速断路器控制按钮用于控制列车牵引主回路的接通与断开，分主断"合"按钮和主断"分"按钮，两者均采用自复式按钮。

主断"合"按钮为带绿色指示灯的按钮，用于触发高速断路器启动闭合；主断"分"按钮为带红色指示灯自复式按钮，用于释放高速断路器，使其断开。

主断"合""分"按钮仅在驾驶台激活的情况下操作方有效，而指示灯的显示则不受驾驶台是否激活的条件影响。

（1）在条件满足的情况下，按压主断"合"按钮，可以激活各个动车的高速断路器的主控电路，促使各个高速断路器快速启动闭合。当所有的高速断路器闭合以后，列车两端驾驶室的主断"合"绿色指示灯点亮。此时，通过显示屏可以查看接触网或接触轨电压的动态数值。

（2）在高速断路器闭合以后，按压主断"分"按钮，可以切断所有高速断路器的主控电路，高速断路器迅速断开。当所有高速断路器断开以后，两端驾驶室的主断"分"红色指示灯亮。

（3）当按压主断"合"或主断"分"按钮或在运行中，出现两指示灯均不亮时，表示高速断路器处于不同的状态。

由于高速断路器用于接通或分断牵引主回路大电流，高速断路器频繁动作容易造成断路器的主触头烧损，因此，车辆在硬线电路或软件控制设计上，一般对高速断路器的重复操作进行限制，即分断断路器后，需间隔一定时间（10 s 以上），按压主断"合"按钮，方能重新启动断路器闭合。在运用西门子 SIBAS 32 自动控制系统的列车上，系统允许 3 min 内"合"、"分" 3 次高速断路器，超过 3 次，需要对车辆控制单元和逆变器控制单元进行断电重启。

另外，列车高速断路器受列车受电装置状态的限制，在受电装置未升起的情况下，高速断路器不能闭合；受电装置降落时，闭合状态的高速断路器将随之自动断开。

5. 停放制动"缓解"与"施加"按钮

停放制动"缓解"与"施加"按钮用于控制列车停放制动的缓解与施加。

停放制动"缓解"按钮通常设计为带绿色指示灯的按钮，停放制动"施加"按钮为带红色指示灯的按钮。停放制动"缓解"、"施加"按钮仅在驾驶台激活的情况下操作方有效，而按钮指示灯仅在列车控制激活（驾驶台激活或自动折返激活，下同）的状态下，方有显示。

（1）列车的停放制动处于施加状态时，在驾驶台激活且列车主风管空气压力不低于 $4.5×10^5$ Pa（有些车型要求不低于 $4.8×10^5$ Pa）的情况下，按压停放制动"缓解"按钮，可以使各节车的停放制动脉冲阀动作，导通主风管至停放制动缸的管路，经过压力限制的压缩空气充入停放制动缸，克服弹簧力，使车辆的停放制动得到缓解。当列车所有的停放制动都缓解后，控制驾驶室的"缓解"绿色指示灯点亮。

（2）列车的停放制动处于缓解状态时，按压"施加"按钮，停放制动脉冲阀动作，关闭制动缓解管路，导通制动风缸至外界的通路，风缸内的压缩空气排出，在弹簧力的作用下，车辆停放制动施加。当所有车辆的停放制动施加后，控制端驾驶室的"施加"红色指示灯点亮。

（3）当按压停放制动"缓解"或"施加"后，出现两指示灯均不亮时，表明车辆的停放制动存在不同状态。

为避免过大的制动力作用于基础制动装置，造成传动机构的损坏，在实施停放制动施加操作时，车辆停放制动的施加有时会受到本车双向阀的限制，导致停放制动风缸内的压缩空气无法排出，进而相应车的停放制动不能施加。

此外，停放制动脉冲阀在列车主风管压力下降至 $3.5×10^5$ Pa（有些车型调整为 $3.8×10^5$ Pa）时，会自动导通停放制动缸与外界的通路，使车辆的停放制动自动施加。脉冲阀的这一功能可以有效防止列车由于长时间停放，导致制动管无压力空气存在时，列车自行溜动的情况发生。

6. 空气制动（所有制动）"缓解"指示灯与空气制动"施加"指示灯

空气制动"施加"、"缓解"指示灯用于表示列车空气制动的实施状态。在有些车型设计中，由于"缓解"指示灯同时受停放制动缓解信号控制，因此将"缓解"指示灯又称为"所有制动缓解"指示灯。

空气制动"缓解"指示灯为绿色，"施加"指示灯为红色。两个指示灯仅在列车控制激活的状态下方有显示。

（1）启动列车时，当牵引力矩达到列车启动力矩，牵引控制单元向制动控制单元发出缓解空气制动的指令，空气制动缸内的压缩空气排出，当有一节车的空气制动缓解时，"施加"指示灯灭，当列车所有转向架的空气制动缓解[空气制动缸内的空气压力低于 $0.8×10^5$ Pa（闸瓦制动）或小于 $0.4×10^5$ Pa（盘形制动）]后，控制端驾驶台上的空气制动"缓解"指示灯点亮。

（2）列车停车后或对列车实施全空气制动时，当每节车至少有一个转向架的空气制动施加时[空气制动缸内空气压力达到 $1.2×10^5$ Pa（闸瓦制动）或大于 $0.4×10^5$ Pa（盘形制动）]控制端驾驶台上的空气制动"施加"指示灯点亮。

（3）启动列车或实施常用制动时，若"缓解"、"施加"指示灯均不亮，则表明有个别车辆转向架的空气制动处于不同的状态。如在启动时出现，则说明至少有一节车的空气制动未缓解或列车空气制动检测电路故障；如在实施常用制动时出现，则说明列车电制动力不足或某节动车电制动故障，列车正补充使用空气制动。

7. 车门控制面板按钮与门全关闭指示灯

车门控制面板分为左侧与右侧控制面板，左侧面板的按钮用于控制列车的左侧车门，右侧面板的按钮用于控制列车的右侧车门。

图 3-41　车门控制面板操作元件布置

车门控制面板主要安装了开门按钮和关门按钮,并依据车辆设计与技术运用的不同,有些车型增加了重开门按钮,有些车型在此基础上,还安装了强行开门按钮或强制开门按钮和备用开门按钮,如图 3-41 所示,有些车型则在驾驶台控制面板增加了备用开关按钮。由于受安装位置限制或为了操作方便,在有些车型中,将刮雨器开关安装在右门控制面板上。

1) 开门按钮

列车开门按钮设计为带红色指示灯的按钮。根据车辆设计与 ATC 系统运用的不同,开门按钮红色指示灯亮,代表不同的显示意义:在运用西门子 ATC 系统技术的车型中,开门按钮红色指示灯亮,表示相应侧车门有开门允许信号;在运用阿尔卡特 ATC 系统技术的车型中,开门按钮红色指示灯亮,表示相应侧车门至少有一个车门未关好或门关好检测电路故障。

对于运用西门子 ATC 系统技术的车型,正常情况下,当开门按钮指示灯亮时,按压该按钮,可以开启列车的客室车门。按压关门按钮关闭车门后,在牵引列车启动运行至 0.5 km/h 时,开门允许信号自动取消,按钮红色指示灯熄灭。

对于运用阿尔卡特 ATC 系统技术的车型,在使用 PM 模式对位停车后,驾驶员首先确认显示屏有"开门允许"图标显示,然后按压相应侧的开门按钮,可以打开相应边的车门。PM 模式没有开门允许信号或使用 RM 模式、cut-out 模式时,驾驶员需先通过按压相应侧车门控制面板上的强制开门按钮,然后按压开门按钮,方可开启相应侧的车门。车门打开后,此时开门按钮红色指示灯点亮(关门灯熄灭)。关闭车门后,在相应侧所有车门关闭(包括驾驶室侧门)且门关好检测电路正常时,开门按钮红色指示灯方熄灭。

2) 关门按钮

列车关门按钮为带绿色指示灯的按钮。在列车车门通过 ATO 或人工按压开门按钮开启后,按压关门按钮,可以发出一个关门指令,车门控制系统接到关门指令后,首先触发关门报警(音响报警与门上方指示灯闪烁),持续 3 s 左右后,控制系统执行关门操作,车门关闭。当相应侧所有车门关闭后(如车辆设计对驾驶室侧门或疏散门状态也需进行检测,则需满足相应侧驾驶室侧门或疏散门关好及锁定),关门按钮的绿色指示灯点亮。

3) 重开门按钮

重开门按钮不带指示灯,其作用是在关门过程中,通过按压该按钮,可以重新打开相应侧尚未完全关闭的车门(相应侧必须有开门允许信号)。在采用电—空控制车门开关的车型和部分采用计算机控制车门开关的车型中,都设计了重开门按钮。在采用计算机控制车门开关的车型中,虽然车门计算机控制单元设计了防夹功能,但由于关门力度较大,有时防夹功能启用时,可能会误伤乘客。而通过加设重开门按钮,可以供驾驶员提前介入,在避免车门夹伤乘客的同时,也可防止因车门防夹功能重复启动,造成车门发生关闭故障的现象。

4）强行开门按钮

强行开门按钮是针对西门子 ATC 系统所设计安装的、带有保护盖的按钮。根据车辆设计不同，强行开门按钮也有采用单独设计并安装在驾驶台上的，如 ADtranz A 型车和 L 型车。

强行开门按钮有两个功能：一是释放开门允许信号，二是切除车载 ATP 对车门状态的监控。

在列车使用 RM 模式停车后或使用 SM、ATO 模式停车后，因其他原因（未对位停车或停车点取消等）车载 ATP 未给出开门允许信号时（URM 模式受牵引控制单元保护，保证列车停车后，方释放两侧车门开门允许信号），按压一次该按钮，可以使车载 ATP 向两侧车门释放开门允许信号。

在门关好检测电路出现断路时（此时启动列车或列车处于运行状态时，车载 ATP 将触发紧急制动），按压强行开门按钮一次（有开门允许信号时）或两次（无开门允许信号时），可以切除或终止 ATP 对终止状态的监控（此时 ATC 系统显示屏有监控切除图标的显示），即无论车门状态如何，ATP 不会因车门状态而触发列车产生紧急制动。列车在正线运营时，启用此项功能必须得到行调的授权，同时在列车行驶过程中，必须加强对车门状态的监控，发现车门解锁或未正常关闭时，驾驶员应立即采取停车措施处理。

5）强制开门按钮

强制开门按钮是运用阿尔卡特 ATC 系统技术车辆所设计安装的、带黄色指示灯和保护盖的自锁式按钮。该按钮在列车使用 cut-out 模式、RM 模式停车后或在使用 PM 模式、ATO 模式停车后，系统未给出开门允许信号时使用（使用前将驾驶模式选择开关置于"OFF"位）。正常情况下，在列车停车后按下该按钮，按钮将被锁定在按下的位置，同时按钮的黄色指示灯点亮，表明此时相应侧车门已释放开门允许信号。按下相应侧开门按钮，可以开启相应侧车门。关门后，驾驶员应及时恢复强制开门按钮（按压一次按钮，即可释放自锁），取消开门允许信号（按钮恢复的同时，黄色指示灯熄灭，表明开门允许信号取消）。

6）门全关闭指示灯

门全关闭指示灯为绿色指示灯，安装在驾驶台上。该指示灯在列车两侧所有车门关闭后（如车辆设计对驾驶室侧门或疏散门状态也需进行监测，则需满足相应侧驾驶室侧门或疏散门关好及锁定），指示灯点亮。若列车出现至少有一个车门开启或任一边门关好检测电路故障，则绿色指示灯熄灭。

8. ATO 启动按钮

ATO 启动按钮采用双按钮设计。ATO 启动按钮的显示与使用，根据 ATC 系统技术运用的不同而有所不同。

1）西门子 ATC 系统技术的 ATO 启动按钮

在使用西门子准移动闭塞 ATC 系统的车型中，ATO 启动按钮设计为带绿色指示灯的按钮。绿色指示灯亮，表示可以启用 ATO 驾驶。在 SM 模式下，驾驶员将司机控制器的主控手柄置于"0"位后（行驶状态下，主控手柄上的警惕按钮必须待 ATO 启动生效后，方可松开，否则，会触发列车产生紧急制动），按下其中一个 ATO 启动按钮，并保持 2 s 左右，可以启动 ATO 模式操作列车，在 ATO 模式启动生效后，按钮的绿色指示灯熄灭。在列车以 ATO 模式行驶过程中，驾驶员按压警惕按钮，将主控手柄移开"0"位，即可释放 ATO 模式，转换至 SM 模式（ATO

模式驾驶的列车进入车站运营停车点停车后，自动转换成 SM 模式，无须人工操作）。

在使用西门子移动闭塞 ATC 系统的车型中，ATO 启动按钮设计为带绿色指示灯的按钮。绿色指示灯闪亮，表示可以启用 ATO 驾驶。在 SM 模式下，驾驶员将司机控制器的主控手柄置于"0"位后（行驶状态下，主控手柄上的警惕按钮必须待 ATO 启动生效后，方可松开，否则，会触发列车产生紧急制动），按下其中一个 ATO 启动按钮，并保持 2 s 左右，可以启动 ATO 模式操作列车，在 ATO 模式启动生效后，按钮的绿色指示灯点亮。在列车以 ATO 模式行驶过程中，驾驶员按压警惕按钮，将主控手柄移开"0"位，即可释放 ATO 模式，转换至 SM 模式（ATO 模式驾驶的列车进入车站运营停车点停车后，自动转换成 SM 模式，无须人工操作）。

2）阿尔卡特 ATC 系统技术的 ATO 启动按钮

在使用阿尔卡特移动闭塞 ATC 系统的车型中，ATO 启动按钮的设计颜色与显示原理和使用西门子准移动闭塞 ATC 系统的车型一样，仅在有运营停车点的停车处启动 ATO 模式驾驶时使用。

启动列车前，驾驶员必须通过 ATC 显示屏确认自动模式已激活（参考项目 4 任务 4.1 中 ATC 显示屏的内容），如未激活，则需按压驾驶台上的 ATO 模式按钮激活。使用时，驾驶员需同时按下两个按钮。正常情况下，驾驶员按下按钮后，即可启动 ATO 模式驾驶列车。

在非运营停车点处（如区间）或在 PM 模式下，启用 ATO 模式驾驶时，驾驶员无须操作这两个按钮。

9. ATO 模式按钮

ATO 模式按钮是针对阿尔卡特 ATC 系统设计安装的、进行 ATO 模式转换的按钮（自复式）。在 PM 模式下，驾驶员按压一次该按钮，即可激活 ATO 模式。若此项操作在运营停车点处（如车站停车位置）进行，驾驶员通过 ATC 显示屏确认激活后（参考项目 4 任务 4.1 中 ATC 显示屏的内容），还须按压 ATO 启动按钮，方可启动 ATO 模式驾驶；若此项操作在非运营停车点（如投入点）或在行驶过程中进行，则列车自动执行 ATO 驾驶模式。

在 ATO 模式激活的状态下，驾驶员按压主控手柄上的警惕按钮，将主控手柄移开"0"位（未按警惕按钮就移动手柄，将触发列车产生紧急制动，下同），即可释放 ATO 模式，列车驾驶模式转换至 PM 模式。

10. AR 按钮

AR 按钮为带黄色指示灯的自复式按钮，用于启动列车自动折返功能。AR 按钮的显示与使用根据 ATC 系统技术运用的不同而有所不同。

1）西门子 ATC 系统技术的 AR 按钮

西门子 ATC 系统技术的 AR 按钮，既可用于无人驾驶折返，也可用于利用原轨折返。原轨自动折返时，列车的驾驶模式将保持不变。如果折返前，列车车门已开启，则在折返过程中及折返后，车门仍可保持在开启状态。

在使用西门子准移动闭塞 ATC 系统的车型中，AR 功能仅在特定区域如终点站、有折返线的车站方能实现。列车进入这些特定区域停车前，若车载设备收到折返信号，则 AR 按钮指示灯点亮。列车停车后，驾驶员按压 AR 按钮，黄色指示灯熄灭，同时 ATC 显示屏折返图标背景颜色发生改变后，表明自动折返功能激活，此时，驾驶员可以关闭驾驶台。如进行无人驾驶折返，在动车条件满足后，驾驶员还需用专用钥匙操作安装在站台端墙上的 DTRO（无人驾驶自动折返操作）旋转开关，方可启动列车自动运行，即列车自动进入折返线对位停车，然后自动换端，在进路开放后，自动驶入始发站台对位停车。列车停车后或进行原轨折返，折返接收端驾驶室 AR 按钮的黄色指示灯闪亮，驾驶员激活驾驶台后，黄色指示灯熄灭，自动折返结束。

在使用西门子移动闭塞 ATC 系统中，AR 功能与准移动闭塞的 AR 功能基本一致，稍有不同的是，AR 功能可以在所有车站实现。另外，灯的显示方式也有点不同。列车接收到折返信号后，AR 指示灯闪亮，驾驶员按压按钮激活折返模式后，指示灯改为固定显示。

2）阿尔卡特 ATC 系统技术的 AR 按钮

在使用阿尔卡特 ATC 系统的车型中，AR 按钮仅在终点站进行无人驾驶折返操作时使用，因此，又称为无人驾驶折返按钮。

列车进入终点站 ATO 点停车后，驾驶员按压 1 次 AR 按钮，当按钮的黄色指示灯点亮后，表明无人驾驶折返模式已激活。这时，驾驶员可以关闭驾驶台。驾驶台关闭和动车条件满足后，驾驶员按压驾驶台 ATO 启动按钮或在站台端墙处操作 DTRO 旋转开关，可以启动列车运行，即列车自动进入折返线对位停车，然后自动换端，在进路开放后，自动驶入始发站台对位停车和开门。驾驶员激活驾驶台后，无人驾驶折返结束。

11. RM 按钮

RM 按钮是针对西门子准移动闭塞 ATC 系统设计安装的、带红色指示灯和保护盖的自复式按钮。

RM 按钮有两个功能：一是用于转换 RM 模式；二是用于缓解车载 ATP 触发的紧急制动。

在 SM 模式或 ATO 模式下（此时 RM 按钮的红色指示灯点亮），驾驶员如需转换至 RM 模式，首先需使列车处于停车状态，然后按压按钮，至按钮的红色指示灯熄灭（此时 ATC 显示屏显示 RM 模式），即可转换至 RM 模式。

在车载 ATP 保护下，列车产生紧急制动停车后（列车产生紧急制动时，自动转换至 RM 模式），在车载 ATP 正常的情况下，按压 RM 按钮，可以缓解车载 ATP 触发的紧急制动和消除 ATC 显示屏显示的紧急制动图标。非车载 ATP 触发的紧急制动，必须在相关回路或设备恢复正常后，紧急制动才能缓解，否则，按压 RM 只能消除紧急制动图标，不能缓解紧急制动。

12. 运行模式选择开关

运行模式选择开关是使用西门子准移动闭塞 ATC 系统技术车型中设计安装的，用于选择慢行模式、开门模式的普通旋转开关，有"慢行"、"手动"和"自动"三个操作位置，如图 3-42 所示。

图 3-42　运行模式开关

"慢行"位是启用列车慢行行驶模式的位置。将开关置于"慢行"位（限停车后操作），则本端启动列车时，列车以 3 km/h 限制速度匀速运行（此时行驶速度不受主控手柄调速控制）。此模式功能主要在洗车时使用。慢行模式启用后：如要取消该模式，只需将开关旋离"慢行"位即可（限停车后操作）。在列车行驶过程中，将开关旋至或旋离"慢行"位，对当前列车不会造成影响，列车维持原有模式运行，直至停车再次启动，方能实现慢行模式的启用或取消功能。

"手动"位和"自动"位是 ATO 模式下，选择开门方式的位置。开关置于"手动"位，则 ATO 模式运行停车后，需要通过人工来开启列车车门；开关置于"自动"位，则在 ATO

模式运行进入运营停车点停车后，由车载 ATO 设备执行开门操作，即实现自动开门。在非 ATO 驾驶的模式下，开关无论置于哪个选择位置，均不会对人工开门造成影响。

图 3-43　驾驶模式开关

13. 驾驶模式选择开关

驾驶模式选择开关是使用阿尔卡特 ATC 系统技术车型中设计安装的、进行驾驶模式选择的作用开关，带有保护盖，有"RM""OFF"和"PM"三个操作位置，如图 3-43 所示。

"RM"位是选择 RM 模式或 cut-out 模式的位置，限停车后操作。开关旋至"RM"位，如选择 RM 模式驾驶，此时，应保证信号选择开关在"有效"位（参考信号选择开关的内容）。选择 RM 模式后，系统默认为速度 25 km/h 的限制模式，驾驶员可通过 ATC 显示屏选择速度 60 km/h 的限制模式（参考项目 4 任务 4.1 中 ATC 显示屏的内容）。如需选择 cut-out 模式驾驶，此时，应保证信号开关在"无效"位。在 cut-out 模式下，列车运行安全不受 ATC 系统保护，完全由驾驶员控制，因此，进行此项操作必须得到行调的授权。

"OFF"位为模式关闭位置。开关置于该位置时，会触发列车产生紧急制动。驾驶员关闭驾驶台前，必须将选择开关置于"OFF"位。

"PM"位是选择 PM 模式的位置（人工保护模式或 ATO 模式驾驶的位置，在列车已建立通信后才能使用）。开关旋至"PM"位，首先选择的是 PM 模式，在列车前进进路建立并开放后，即可以 PM 模式驾驶列车运行。在 PM 模式下，如需选择 ATO 模式驾驶，驾驶员需按压 ATO 模式按钮，激活自动模式。

14. 驾驶模式预选按键与确认按钮

驾驶模式预选按键与确认按钮（如图 3-44 所示）是使用西门子移动闭塞 ATC 系统车型中设计安装的作用按钮（键），安装在驾驶台上。

驾驶模式按键用于对预先选择的运行模式的转换，限列车处于停车状态时操作。驾驶员进行驾驶模式转换时，通过驾驶模式按键的上、下选择键完成，能够选择的模式依据当前的模式而定。驾驶模式选定后，驾驶员按压"确认"按钮进行确认。

"确认"按钮用于确认与安全相关的信息和 OBCU 车载控制单元的输入，包括运行模式选择的确认。

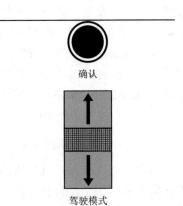

图 3-44　驾驶模式预选案件与确认按钮

15. ATP 后退开关

ATP 后退开关是阿尔卡特 ATC 系统设计的一个控制开关，有"禁止"和"允许"两个作用位置。

在 ATO 或 PM 模式下，列车停车后，驾驶员如需进行后退运行操作，将开关由"禁止"位旋至"允许"位，即可启动列车后退运行。如未启用该功能，强行操作后退运行，VOBC（车载控制器）将触发列车产生紧急制动。在该功能不能启用时，驾驶员需转换至 RM 模式，方可操作列车后退运行。

16. 空调控制按钮

列车空调控制按钮分为列车空调开按钮（带绿色指示灯）、A 车空调开按钮（带绿色指示灯）、列车空调关按钮（带红色指示灯），均采用自复式按钮。三个按钮仅在驾驶台激活的情况下使用方有效，而指示灯的显示则不受驾驶台是否激活限制。

列车空调开按钮用于启动全列车空调运转，在空调启动有效后，按钮的绿色指示灯点亮（列车空调关按钮的红色指示灯同时熄灭）。列车空调将在计算机控制单元控制下运行。列车空调制冷温度可人工进行设定，也可选择自动控制方式。

A 车空调开按钮用于启动本车空调运转，一般在列车空车回厂时使用，这样可以节省部分电能，降低电耗。在使用该接钮前，若全列车空调已开启，驾驶员应关闭全列车空调后，再按压 A 车空调开按钮。当 A 车空调启动有效后，按钮的绿色指示灯点亮（此时列车空调关按钮的指示灯仍保持点亮），本车空调独立运转。

列车空调关按钮用于关闭空调（包括单独开启的 A 车空调）。当关闭指令生效后，列车空调或 A 车空调（单独开启时）开按钮的绿色指示灯熄灭，列车空调关的红色指示灯点亮，列车空调在计算机控制单元控制下停止运转。

在列车升弓或升靴取电后，按压列车空调"合"按钮，可向列车各节车辆的空调控制单元发出空调"开"的指令。

由于驾驶台安装空间位置的限制，有些车型将空调控制开关安装在电气柜面板上，并采用具有"关"、"0"、"合"三个操作位置的自复式旋转开关进行控制（如广州地铁 B 型车）。

17. 照明开关与客室照明指示灯

列车照明开关主要分为客室照明开关和驾驶室照明开关，其中客室照明开关配有指示灯，用于指示客室照明是否开启。

1）客室照明开关与客室照明指示灯

客室照明开关用于控制列车车厢照明的开启与关闭。

客室照明开关一般采用具有"分"、"0"、"合"三个操作位置的自复式旋转开关，其中"合"位为照明开启的位置；"0"为松开开关后，开关回复的位置；"分"位为关闭照明的操作位置。

客室照明开关不受驾驶台是否激活限制，列车激活后驾驶员将开关旋至"合"位，即可开启客室照明，同时客室照明白色或暖白色指示灯点亮。客室照明开启后，驾驶员在任一驾驶室将开关旋至"分"位，可以关闭客室照明。关闭指令生效后，客室照明指示灯熄灭。

为保证发生紧急或异常情况（如供电故障）时，车厢内仍有一定亮度的照明，各种车型在设计时，都将车厢照明电路分为两路：一路为常规照明，另一路为紧急照明。正常情况下，开启照明时，常规照明与紧急照明将同时开启。在供电故障出现时，常规照明将自动关闭（根据电路设计），而紧急照明则由列车蓄电池继续保持供电，以满足照明需求。

由于紧急照明开启需满足蓄电池供电电路的接通，因此，各车型在设计上采用了不同的策略，有的通过增加辅助开关来保证，有的直接增设一条电路来保证，并相应增加了一个紧急照明开关，以结合客室照明开关一起使用。

2）驾驶室照明开关

驾驶室照明开关用于控制驾驶室的照明，采用具有"分"、"合"两个操作位置的普通旋转开关。

驾驶室照明开关不受驾驶台是否激活限制，在列车激活后，将开关旋至"合"位，即可开启驾驶室照明。

18. 头灯控制开关

头灯控制开关用于选择本端车头前照灯的照射方式，主要有"近光"和"远光"两种方式。有的车辆在设计时，在头灯控制开关中增设了"关闭"的控制功能，这样，如果车辆在地面或高架线路上行驶，若白天光线较好时，驾驶员可以选择将头灯关闭。

开关在"近光"位，在行驶方向命令激活时，头灯将采用近光照射方式照亮前方进路。近光照射方式的照射距离比较短，且光束主要集中射向地面。不过，这种照射方式一般不会对他人造成影响。

开关在"远光"位，选择的是远光照射方式，在此方式下，光束平行轨面射向远方，照射距离比较远，不过，这种照射方式比较刺眼，特别是使用氙气大灯作为发光源的大灯，在会车时，容易使来车驾驶员的视觉出现瞬间模糊的现象，不利于其瞭望前方进路。因此，在地面线路或地下两条没有遮挡的并行线路会车时，驾驶员应关闭远光照明方式。

19. 解钩按钮

解钩按钮设计为带暖白色指示灯或红色指示灯，并带保护盖的自复式按钮，用于在本端自动车钩与另一列车自动车钩连挂后，需要进行电控脱钩时使用。

解钩按钮的使用不受驾驶台是否激活限制，只需满足列车激活且主风管空气压力不低于一定压力（一般为 5×10^5 Pa）条件即可使用。在条件满足的情况下，按压解钩按钮可以使本车本端与另一列车处于连接状态的自动车钩实现机械自动脱钩和电连接自动分离。

20. 风笛按钮

风笛按钮是列车喇叭的控制按钮，仅在驾驶台激活的情况下使用方有效。由于列车喇叭采用的都是气动喇叭，因此，按压该按钮时，应保证列车主风管有一定压力的压缩空气存在。

风笛按钮采用的是自复式按钮，这样，列车喇叭的鸣响时间就与按钮被按压的时间等同。

21. 灯测试按钮

灯测试按钮用于检验驾驶台上（包括车门控制面板，下同）的按钮指示灯和状态指示灯是否存在烧损的现象。灯测试按钮有采用自复式按钮的，也有采用自锁式按钮的。

灯测试按钮不受驾驶台是否激活限制，驾驶员按下按钮后，驾驶台上的所有指示灯点亮，如指示灯未点亮，说明该灯已烧损（根据电路设计不同，有些车型的测试电路需经过相关设备才能检验，因此，进行测试时，需满足相关设备电路导通后，才能实现检验目的，如广州地铁 A1 型车的 ATC 系统指示灯）。

22. 窗加热按钮或开关

窗加热按钮或开关在驾驶室前挡风玻璃出现积霜时使用。使用该按钮或开关时，无须激活驾驶台。

列车驾驶室的前挡风玻璃内嵌有加热电阻丝，当将驾驶台的窗加热按钮或开关合上后，可以接通电阻丝的工作电源，使电阻丝发热，从而达到除霜的目的。不过，这个功能在南方城市基本用不到。

窗加热控制有采用按钮控制的，也有采用旋转开关控制的。采用按钮控制的（有些车型设计有黄色指示灯），一般启动电路设计了延迟断开的功能，以实现窗加热功能启动一定时间后（如 10 min），自动断开电阻丝的工作电源。而采用旋转开关控制的（开关有"分"、"合"两个操作位置），电阻通电加热时间则通过人工控制。

23. 刮雨器开关

刮雨器开关用于控制驾驶室前挡玻璃上的刮雨器，在列车于地面或高架桥行驶时，遇到下雨天气时使用。使用该开关时，无须激活驾驶台。

刮雨器一般有"分"、"合"两个操作位置的开关控制，"合"位为运转位，"分"位为停止位，同时也是使刮雨器返回初始位的操作位置。如"分"位无重置功能，则采用具有"重置"、"0"和"合"三个操作位置的开关进行控制，其中"0"位为停止位，"重置"位为使刮雨器返回初始位的操作位置。另外，有些车型对刮雨器设计了调速开关。

24. 速度表

速度表用于指示列车的实际运行速度，其指示不受驾驶台是否激活的影响。

速度表的速度信号来自牵引控制单元，由牵引控制单元通过安装在轮轴的速度传感器采集。

25. 双针压力表

双针压力表用于指示列车主风管和空气制动缸的空气压力的大小，如图 3-45 所示。其指示不受驾驶台是否激活的影响。

克诺尔制动机配套的双针压力表由白针和红针组成，指示单位为"bar"（德国工业标准单位）。在该双针压力表中，白针用于指示列车主风管的压力，在设备正常运转的情况下，白针在 $7.5 \sim 9 \times 10^5$ Pa（1 bar=100 kPa）来回移动；红针用于指示空气制动缸的压力，其压力信号一般采自本车第一转向架的空气制动缸。

国产品牌的双针压力表由红针和黑针组成，红针用于指示主风管压力，黑针用于指示空气制动缸的压力，指示单位一般为国际标准的 kPa。

26. 广播控制按钮与麦克风

列车广播系统的控制按钮分为硬控制按钮和软控制按键。

列车广播系统硬控制按钮分布在驾驶台驾驶面板或广播控制盒面板上，主要由"驾驶室对讲"、"客室广播"等按钮组成，实现驾驶室通话、驾驶员对客室进行人工广播的功能。如果广播系统增加了驾驶员与乘客的对讲功能，那么相应控制面板上就要增设乘客对讲按钮和乘客报警复位按钮，如图 3-46 所示。

图 3-45　双针压力表

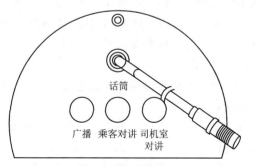

图 3-46　广播控制面板

列车广播系统软控制按钮设计在车辆显示屏内（参见车辆显示屏的内容），通过相关按钮，驾驶员可以设置、选择和启动广播（包括列车报站、紧急广播等），相关内容参考本任务中车辆显示屏的介绍。

1）驾驶室对讲按钮

驾驶室对讲功能在列车激活后即可使用，不受驾驶台是否激活限制。不同的驾驶室进行对话时，驾驶员按下对讲按钮，然后对着麦克风说话，即可将发出的话音通过广播系统传送到另一驾驶室。讲话完毕，驾驶员应松开按钮，否则，不能听到对方的讲话。对方说话时，驾驶员可通过位于驾驶室天花板的广播喇叭或广播控制盒的喇叭收听。驾驶室对讲功能是列车广播系统的最优先控制级别。

2）客室广播按钮

客室广播功能一般仅在驾驶台激活后方可使用。使用时，按下广播按钮并保持按下状态，然后通过麦克风可以对客室进行人工广播。根据广播系统功能设计的不同，有些广播设备在乘客报警激活后，可使用客室广播按钮进行驾驶员与乘客的对话，如广州地铁八号线 A 型车。客室广播功能是列车广播系统的次优先控制级别。

3）乘客对讲按钮与乘客报警复位按钮

乘客对讲按钮是广播系统设置的、用于驾驶员与乘客对讲时使用的作用按钮。在乘客报警功能激活后，驾驶员按下对讲按钮，可与乘客直接进行对话（说话时按下，完毕后应松开按钮）。根据广播系统功能设计的不同，有些广播设备需先按压"确认"按钮，然后才能通话，如广州地铁二号线 A 型车。

乘客报警复位按钮用于关闭已激活的乘客报警功能，带红色指示灯。乘客在车厢激活乘客报警功能时，按钮指示灯将闪烁点亮，同时车辆显示屏发出蜂鸣声，并显示报警的位置（参见本任务中车辆显示屏的内容）。驾驶员与乘客结束对话后，应按压乘客报警复位按钮，关闭乘客报警，否则，列车报站广播等功能不能实现。乘客报警关闭后，按钮指示灯熄灭。

4）麦克风

麦克风是广播系统配置的话筒。使用麦克风时，最好与麦克风保持 5 cm 左右的距离，这样，通话声音受到其他杂音的干扰相对比较少。

27. 无线车载电台

无线车载电台用于司机与调度（包括信号楼值班员）的联系，其工作电源在列车激活时自动接入（设计了启动开关的除外）。

无线车载电台操作按键及显示仪表设置在无线电控制面板上，主要由液晶显示屏、紧急呼叫、调度（呼叫）、就绪（OK）、数据（信息）、转组以及数字键等组成，如图 3–47 所示。

无线车载电台各操作按键及显示屏定义、功能如下：

1）紧急呼叫键

用于向控制中心或信号楼发出紧急呼叫请求。使用时，按压应保证 3 s 以上。

2）复位键

用于复位车载无线电台，按压时应保持按压时间在 3 s 以上。

3）调度键

用于向控制中心（正线）或信号楼（车辆段）发送呼叫请求。

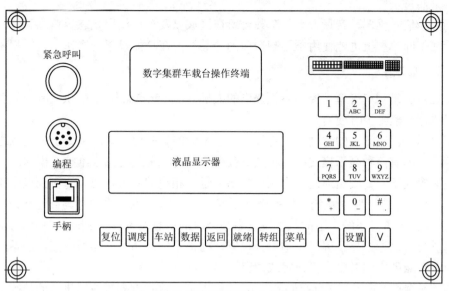

图 3-47　B 型车无线车载电台操作界面

4）车站键

用于打开车站列表菜单，选择相应的车站组。

5）数据键

用于打开预设的信息列表，选择需要发送的短信息。

6）返回键

用于系统返回当前守候组。

7）就绪键

用于向控制中心发送驾驶员就位的信息。

8）转组键

用于向控制中心或信号楼发送转组请求。转组请求一般要求在转换轨进行，当系统实现自动转组后，则无须操作此键。

9）菜单键

用于打开功能菜单。

10）上、下箭头键

用于菜单上翻或下翻或用于调节电台音量。

11）设置键

用于设置车载电台的状态。

12）#号键

为确认键，用于确认当前的选择。

13）*号键

为取消键，用于取消当前设置或返回上级菜单。

14）数字键

用于密码输入或进行菜单选择（数字可组合）。

15）液晶显示屏

用于显示信号强弱、音量大小、车载台所在区域以及车载使用状态等信息。

尽管在不同车型上可能使用不同制造商的产品，但在功能设置与操作上基本相差不大。

28. 车辆显示屏

车辆显示屏是列车管理与控制系统提供的人机界面（配有触摸屏），供驾驶员驾驶列车和检修人员进行车辆维护时使用。

车辆显示屏仅在激活的驾驶台上有显示，未激活的驾驶台的显示屏处于关闭状态。

车辆显示屏有两种显示模式：一种是驾驶模式，另一种是检修（维护）模式。

在驾驶模式下，驾驶员通过点击相应的键，进入相应的系统，可以查看列车牵引系统、辅助系统、车门系统、制动系统（包括空气压缩机）、空调系统、受电弓与高速断路器、烟感报警系统、乘客报警等系统设备的状态及发生故障时的信息及位置（图形或文字信息的方式）。此外，驾驶员可以通过显示屏对广播进行设置，播报紧急广播等。如系统支持的话，驾驶员还可以对各车厢的空调温度进行设定或调整。

在检修（维护）模式下（有密码限制），检修人员可以查看列车所发生过的故障或信息的记录，包括故障或信息的发生与消失时间以及故障发生时的一些背景参数等。

29. ATC 显示屏

ATC 显示屏是 ATC 系统提供的车载人机界面（配有触摸屏），为驾驶员驾驶列车提供车载设备的操作状态，以及如实际速度、目标速度和其他有关车辆操作必要的信息等状态信息。此外，在某些特殊状态下，显示器还可以通过发出音频信号提醒驾驶员注意。

ATC 显示屏仅在激活驾驶台的情况下有显示，未激活的驾驶台则处于关闭状态。

30. 高加速开关

高加速开关是为 L 型车设计安装的、用于增大列车牵引力矩的作用开关，主要在大坡度上启动列车时使用。

高加速开关有"正常"与"高加速"两个操作位置。一般情况下，开关应置于"正常"位。在需要启用爬坡模式时，将开关置于"高加速"位置，系统将进入高加速模式，牵引列车时，牵引转矩增加至标准值的 1.335 倍，确保列车能够在大坡度线路上启动。

31. 电钩切除开关

电钩切除开关是在直线电机车辆驾驶台上设计安装的一个控制开关，有"正常"和"切除"两个操作位置。

开关置于"切除"位置，自动车钩的电气盒自动连接功能切断。在两列车进行连挂时，相应的自动车钩电气盒不动作。

❋ 3.2.3 车辆显示屏界面识读

1. 长春轻轨车辆显示屏界面

长春轻轨车辆显示屏界面显示如图 3-48 所示。

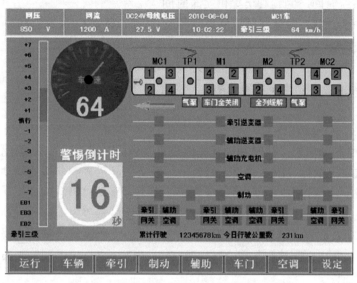

图 3-48　长春轻轨车辆显示屏界面显示范例

将界面划分为 A~G 共 7 个区域，如图 3-49 所示。

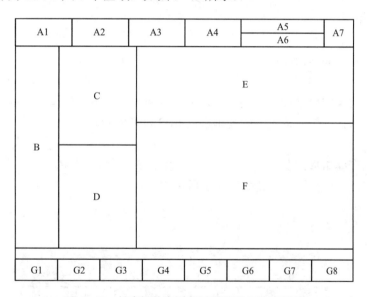

图 3-49　长春轻轨车辆显示屏界面分区示意图

1）A 区

A1 区显示网压，4 个牵引的输入电压取平均值，如果牵引通信故障或电压指示位无效，那么对应牵引的信号不使用。

A2 区显示网流，4 个牵引的输入电流取平均值，如果牵引通信故障或电压指示位无效，那么对应牵引的信号不使用。正表示电能由接触网到牵引变流器，车辆在牵引状态；负表示电能由牵引变流器到接触网，车辆在制动状态。

A3 区显示母线电压（DC24V），4 个辅助的母线电压取平均值，如果辅助通信故障，那么对应辅助的信号不使用。

A4 区显示系统时间，为驾驶员提供实时时间。

A5 区显示车头选择，如果该显示屏是装在 MC1 端，显示 MC1 车；如果该显示屏是装在 MC2 端，显示 MC2 车，在设置画面中可以设置。

A6 区显示当前的牵引制动等级和运行速度。

A7 区为车辆报警，如果车辆有报警，则显示一个黄色报警图标，如图 3–50 所示。

图 3–50　报警图标

2）B 区

B 区显示牵引制动信息，按照制动优先级设置（当同时出现时，只显示优先级高的）。

如果 EB2 成立：惰行～EB2 段显示绿色，下面文字显示"蘑菇按钮制动"。

如果 EB3 成立：惰行～EB3 段显示绿色，下面文字显示"紧急制动"。

如果 EB1 成立：惰行～EB1 段显示绿色，下面文字显示"安全环路制动"。

如果常用制动 7 成立：惰行～–7 段显示绿色，下面文字显示"制动七级"。

如果常用制动 6 成立：惰行～–6 段显示绿色，下面文字显示"制动六级"。

制动 5～1 相似。

如果惰行位成立：惰行段显示绿色，下面文字显示"惰行"。

如果牵引 1 成立：惰行～–1 段显示绿色，下面文字显示"牵引一级"。

牵引 2～7 相似。

3）C 区

C 区为速度仪，显示当前运行速度。

4）D 区

D 区显示警惕按钮松开的时间倒计时，倒计时期间，按下警惕按钮可重置倒计时时间。若倒计时完了，未按下警惕按钮，则列车进入 EB2 位紧急制动。

5）E 区

E 区显示列车编组形式及部分设备状态，如图 3–51 所示，其中，本端驾驶室在左侧，另一端驾驶室在右侧，E 区显示意义如表 3–1 所示。

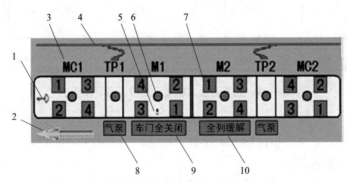

图 3–51　列车编组形式及设备状态

1—列车激活方向；2—列车运行方向；3—车辆类型及编组；4—升弓到位符号；5—手动塞门信号；
6—制动缓解信号；7—车门信号；8—升弓气泵；9—车门全关信号；10—全列缓解信号

表 3-1 E 区显示意义

序号	显示方式	显示意义	说　明
1		列车激活方向	当本车激活后，钥匙显示在左边 当其他车激活后，钥匙显示在右边
2		列车运行方向	当本车向前时，方向箭头在左边 当本车向后时，方向箭头在右边
3	MC1	车辆类型及编组	如果车头选择为 MC1：从左到右，车辆编号为：MC1、TP1、M1、M2、TP2、MC2 如果车头选择为 MC2：从左到右，车的内容为：MC2、TP2、M2、M1、TP1、MC1
4		升弓到位	
5		手动塞门	每个动车上一个，手动塞门时显示
6		制动缓解	当缓解时：绿色 当没有缓解时：红色 当采集该信号的远程 IO 故障后：灰色
7		车门状态	开关门未到位（没有门开好和门关好状态位）：黄色 门关：绿色 门开：红色 门通信离线：深灰色 采集该信号的网关离线：浅灰色
8		升弓气泵状态	当气泵工作时：绿色 当气泵未工作时：红色
9		车门全关	当车门全关闭时：绿色 当车门未全关闭时：红色
10		全列缓解	当全列缓解时：绿色 当没有全列缓解时：红色

6）F 区

F 区显示设备状态，具体显示意义如表 3-2 所示。

表 3-2　F 区显示意义

显示方式	颜色	显　示　意　义
牵引	绿色	牵引逆变器正常，并且电制动也正常
	黄色	牵引逆变器正常，但是电制动故障
	红色	牵引逆变器故障
辅助	绿色	辅助逆变器正常
	红色	辅助逆变器故障
	灰色	采集该信号的远程 IO 故障

续表

显示方式	颜色	显 示 意 义
空调	绿色	风机运行
	灰色	风机不运行
	灰色	通信故障
制动	绿色	动车制动正常；拖车制动正常，没有报警
	黄色	拖车制动正常，有报警
	红色	制动故障
	灰色	采集该信号的远程 IO 故障
网关	绿色	设备通信状态正常
	红色	设备通信状态故障

7）G 区

G 区是界面选择按键，可选择以下页面：

（1）车辆页面：显示车辆控制单元 VCU 采集的硬线信号。

（2）牵引页面：显示由通信上传的牵引数据。

（3）制动页面：显示由通信上传的制动数据。

（4）辅助页面：显示由通信上传的辅助数据。

（5）车门页面：显示由通信上传的车门数据。

（6）空调页面：显示由通信上传的空调数据，输入空调控制命令。

（7）设置页面：可以设置车头设置、车轮径、车辆编号、累计里程的参数，进行静态调试及语言选择。

2. 郑州地铁车辆显示屏界面

郑州地铁车辆显示屏界面如图 3-52 所示。

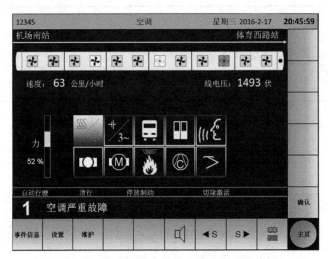

图 3-52　郑州地铁车辆显示屏界面显示范例

将界面划分为 A～K 共 11 个区域，如图 3-53 所示。

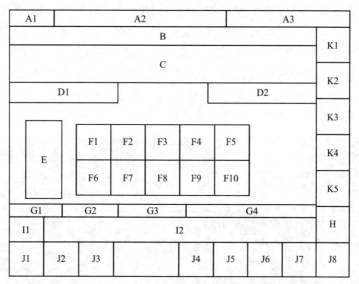

图 3-53 郑州地铁车辆显示屏界面分区示意图

1）A 区

A 区显示旅程号、标题和设备运行日期与时间。

A1 显示的是旅程号，由车载 ATO 单元提供；A2 显示的是页面标题；A3 显示是设备运行星期、日期（格式为 yyyy-mm-dd，例如 2011-02-23）和时间（格式为 hh：mm：ss，例如 09：24：08）。

2）B 区

B 区显示列车旅程信息，由箭头和站名组成。箭头表示列车的运行方向；箭头对应的站名即位于区域右侧的显示为本次列车运行的终点站，左侧显示的站名为当前列车的到达站，列车在车站启动后，则显示下一站的站名。

3）C 区

C 区显示列车编组形式、系统设备状态和驾驶室控制等信息。图示范例为 6 节编组列车，如有重联，则在前列车末端显示后列车前端的驾驶室部分。系统设备状态显示，通过 F 区的功能键转换。驾驶室控制激活通过驾驶室图框内的"●"符号显示。

4）D 区

D 区显示列车运行数据信息。

D1 区以数字形式显示列车的实际运行速度，D2 区以数字形式显示接触网的网压（在列车升弓且高速断路器接通后方有显示）。

5）E 区

E 区显示列车的牵引、制动工况信息。以中部为界（在图形中部左侧外显示"力"字），上部显示牵引工况信息，以绿色柱形符号的有、无、高、低变化，动态显示列车牵引力的有、无、大、小变化的情况；下部显示制动工况信息，以红色柱形符号的有、无、高、低变化，动态显示列车常用制动力的有、无、大、小变化的情况。在柱形图左侧下方中部，随柱形符号的变化，以百分比的数字方式动态显示牵引力、制动力的占比值，其中以负值的形式显示制动力占比。

6）F区

F区是主页窗口下，各个子窗口显示的控制按键组合区，共组合了 10 个软按键，如图 3-54 所示。每个按键上的图示符号形象地表示了按键所代表的系统设备。在主页面显示下，单击任一按键，A2 和 C 区显示将发生相应变化（其他区域显示格式不变）。当某一子窗口打开时，相应控制按键的背景颜色变成反白显示。此外，按键的图示符号在不同状态下有不同的颜色变化：按键激活，图示符号为黑色显示；对应系统设备发生警告故障（轻微或中等），图示符号为黄色显示；系统设备发生中等或严重故障时，符号为红色显示。

图 3-54　系统设备显示控制键组合

（1）单击 F1 键，可以打开空调显示页面，如图 3-55 所示。每节车配置两台空调机组，通过空调图标的不同显示，可以确认对应的空调设备的状态，如表 3-3 所示。

图 3-55　空调显示页面

表 3-3　空调系统图标显示意义

优先级	显示符号/方式		显示意义
1		红底	空调故障
2		黄底	空调运转警告故障
3		橙底	空调处于紧急通风模式，由列车蓄电池供电
4		白底	空调处于通风模式，由辅助电源供电
5		紫底	空调处于限制制冷模式
6		绿底	空调运行正常
7		白底	空调关闭

（2）单击 F2 键，可以打开辅助系统显示页面，如图 3-56 所示。每节车配置 台 DC/AC 辅助逆变器，每节拖车（B 车）配置一台 DC/DC 直流变换器。通过两种设备图标的不同显示，可以确认对应设备的状态，如表 3-4 和表 3-5 所示。

图 3-56　辅助系统显示页面

表 3-4　DC/AC 图标显示意义

优先级	显示符号/方式		显 示 意 义
1		红底	DC/AC 逆变器严重或中等故障
2		黄底	DC/AC 逆变器轻微或中等故障警告
3		绿底	DC/AC 逆变器运行正常
4		白底	DC/AC 逆变器设备关闭（无故障）

表 3-5　DC/DC 图标显示意义

优先级	显示符号/方式		显 示 意 义
1		红底	DC/DC 直流变换器严重或中等故障
2		黄底	DC/DC 直流变换器轻微或中等故障警告
3		绿底	DC/DC 直流变换器运行正常
4		白底	DC/DC 直流变换器设备关闭（无故障）

（3）单击 F3 键，进入车辆号码显示页面，如图 3-57 所示。通过车厢号码的显示，可以确认对应车辆的实际编号。

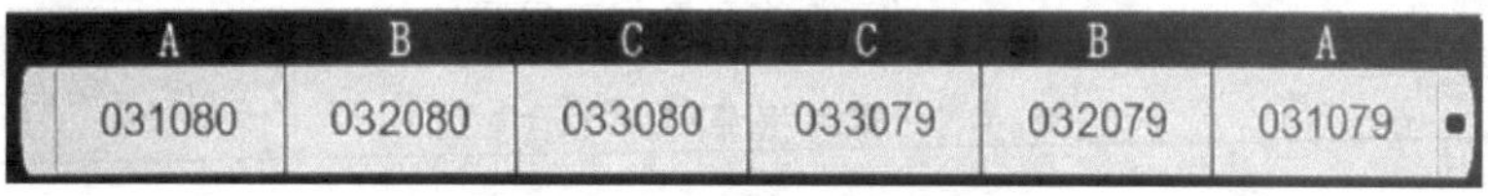

A	B	C	C	B	A
031080	032080	033080	033079	032079	031079

图 3-57　车辆号码显示页面

（4）单击 F4 键，进入车门状态显示页面，这也是系统默认的显示页面，如图 3-58 所示。每节车每侧配置四个车门，通过车门图标的不同显示，可以确认车门的相关状态。若驾驶室侧门设计了电路检测，相应地，在驾驶室图标的两侧可查看相应侧门的状态，如表 3-6 和表 3-7 所示。

图 3-58　车门状态显示页面

表3-6　车门图标显示意义

优先级	显示符号/方式		显 示 意 义
1	#	黄底	车门被紧急解锁
2		灰底	车门已被切除
3		蓝色	维护按钮按下
4	/	半红半黑	车门发生开启故障
5		红色	车门发生关闭故障
6		黄色	车门警告
7		黄底	车门防夹功能启动
8		黑色	车门正常开启
9		灰色	车门正常关闭

表3-7　驾驶室侧门图标显示意义

优先级	显示符号/方式		显 示 意 义
1		黄色	驾驶室侧门开启
2		灰色	驾驶室侧门关闭

（5）单击F5键，可以打开乘客报警显示页面，如图3-59所示。每节车安装了三个乘客报警装置，通过报警状态图标的不同显示，可以确认乘客报警的位置以及设备状态，如表3-8所示。

图3-59　乘客报警显示页面

表3-8　乘客报警图标显示意义

优先级	显示符号/方式		显 示 意 义
1	🔔	红底	乘客报警紧急通信单元故障
2	🔔	橙底	乘客报警通信功能激活，乘客要求对话
3		橙底	乘客报警通信功能激活，驾驶员已确认进行对话
4	🔔	灰底	乘客报警紧急通信单元正常

（6）单击 F6 键，可以打开制动系统显示页面，如图 3-60 所示。通过制动系统图标的不同显示，可以确认每节车每个转向架的空气制动和停放制动的状态，如表 3-9 所示。

图 3-60　制动状态显示页面

表 3-9　制动系统图标显示意义

优先级	显示符号/方式		显 示 意 义
1	(P)	灰底	车辆停放制动施加
2		灰底	车辆制动切除
3	(T)	蓝底	制动系统自检
4		灰底，红图标	制动系统故障（严重或中等）
5		灰底，黄图标	制动系统警告（轻微或中等）
6		灰底，黑图标	空气制动施加
7		灰底，白图标	空气制动缓解

（7）单击 F7 键，可以打开牵引系统显示页面，如图 3-61 所示。牵引系统主设备位于四个动车之中，通过牵引主设备图标的不同显示，可以确认牵引设备的状态，如表 3-10 所示。

图 3-61　牵引系统显示页面

表 3-10　牵引系统图标显示意义

优先级	显示符号/方式		显 示 意 义
1	(T)	蓝底	牵引系统自检
2	(M)	红底	牵引系统故障（严重或中等）
3	(M)	黄底	牵引系统警告（轻微或中等故障）
4	(M)	绿底	牵引系统正常
5	(M)	白底	牵引系统设备关闭（无故障）

（8）单击 F8 键，可以打开车厢烟感探测设备的显示页面，如图 3-62 所示。每节车厢安装了一套烟感探测器，通过烟感探测器图标的不同显示，可以确认车厢的火警报警情况和烟感设备状态，如表 3-11 所示。

图 3-62　车厢烟感探测设备的显示页面

表 3-11　车厢烟感单元图标显示意义

优先级	显示符号/方式		显 示 意 义
1		红底	火警报警
2		灰底	烟感传感器故障
3		灰底	烟感探测正常

（9）单击 F9 键，可以打开空气压缩机（简称"空压机"）显示页面，如图 3-63 所示。每节拖车（B 车）安装了一台空压机。通过空压机图标的不同显示，可以确认空压机的工作状态，如表 3-12 所示。

图 3-63　空压机显示页面

表 3-12　空压机单元图标显示意义

优先级	显示符号/方式		显 示 意 义
1		红底	空压机机故障（严重或中等）
2		黄底	空压机警告（轻微或中等故障）
3		绿底	空压机正常运行
4		白底	空压机设备关闭（无故障）

（10）单击 F10 键，可以打开受电弓、高速断路器和车间电源供电状态的显示页面，如图 3-64 所示。受电弓和车间电源连接设备位于两节拖车（B 车）之中，高速断路器位于动车之中（A 车和 C 车）。根据相关设备图标的不同显示，可以确认相关设备的具体状态，如表 3-13～表 3-15 所示。

图 3-64 受电弓、高速断路器和车间电源供电状态的显示页面

表 3-13 高速断路器图标显示意义

优先级	显示符号/方式		显　示　意　义
1		绿底	HSCB（高速断路器）接通
2		白底	HSCB（高速断路器）断开

表 3-14 受电弓图标显示意义

优先级	显示符号/方式		显　示　意　义
1		灰底	受电弓切除
2		红底	受电弓升弓故障
3		红底	受电弓降弓故障
4		绿底	受电弓正常升起
5		白底	受电弓正常降落

表 3-15 车间电源供电图标显示意义

优先级	显示符号/方式		显　示　意　义
1		绿底	车间电源连接且供电
2		白底	车间电源连接未供电
3		灰底	车间电源未连接

7）G 区

G 区显示列车的运行模式、空转滑行、制动模式和旁路的信息，相关显示如表 3-16 所示。

表 3-16 G 区显示信息

显示区域	显示信息	说　　明
G1	降级模式	运行模式开关选择"降级"模式时显示

续表

显示区域	显示信息	说　明
G1	自动行驶	ATO 模式时显示
	ATP 保护人工驾驶	驾驶员使用 ATP 人工驾驶模式时显示
	救援	运行模式开关选择"救援"模式时显示
	慢行	运行模式开关选择"慢行"模式时显示
	人工驾驶	非限制性驾驶模式时显示
	零位或无效状态	方向手柄旋至"0"位时显示
G2	滑行	系统检测到列车制动滑行时显示
	空转	系统检测到列车牵引空转时显示
	退行	方向手柄选择后退运行时显示
G3	惰行	列车惰行运行时显示
	紧急制动	列车实施紧急制动时显示
	快速制动	列车实施快速制动时显示
	常用制动	列车实施常用制动时现实
	停放制动	列车施加停放制动后显示
G4	切除激活	设备柜任一旁路开关旋至"合"（旁路）位或信号选择开关旋至"无效"位，"切除激活"弹出显示时，信息显示区将显示切除的原因

8）H 区

H 区为确认键，用于对所做的选择或输入值进行确认，以及当信息区显示新信息时，对信息进行确认。若存储缓存器有多条信息记录时，驾驶员可以通过多次单击"确认"按键逐条浏览和确认。

9）I 区

I 区为信息显示区。

I1 区显示故障级别或信息，其中"1"代表严重故障，"2"代表中等故障，"3"代表轻微故障，"4"代表维护或状态信息。

I2 区显示故障或信息内容。I2 区每当有一条新消息出现时，将同时产生一个声音信号。声音信号和信息字符的颜色相关：严重故障（红色）时，持续声音报警直到消息被确认；中等或轻微故障（黄色）时，声音将间断重复响起直到消息被确认；在运行或者正常状态（白色）时，仅响一声。

10）J 区

J 区为窗口转换、报站选择和显示语言控制键组合区。

J1 为事件信息窗口激活键，J2 为设置窗口激活键，J3 为检修模式登录窗口激活键，J4、J6 为广播站名向下、向上选择键，J5 为报站选择后的启动键，J7 为语言显示转换键，单击该键可以在当前页面显示下，直接进行中英文显示转换，J8 为主页面窗口返回键。

11) K 区

K 区为取消键、选择键。K1～K5 分别是取消键、向上选择键、向下选择键、向左选择键、向右选择键（主页面窗口隐藏）。这五个控制键只有在进入事件信息窗口或对应的设置窗口后，按键方可激活显示。在这五个控制键当中，取消键在对所作的选择或输入操作予以放弃或切换回前一页时使用。

12) 事件信息窗口

单击事件信息键，可以打开事件信息显示窗口，如图 3-65 所示。页面最大显示为 8 行信息，如还存在其他信息，驾驶员可通过屏幕右下方的双三角符号的按键进行上下翻页显示。在事件信息显示窗口，如信息已被确认，则在信息左侧显示星形符号。通过高亮条的标注表明信息已被选中，选中的消息与某个车辆或整列车有关，则相关车辆或列车也高亮标注。信息被选中后，在屏幕的右下方会显示相关的说明或处理建议。

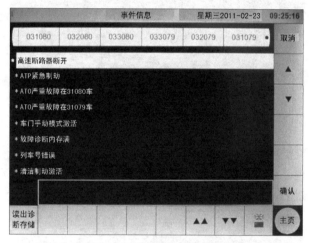

图 3-65　事件信息显示窗口

13) 设置窗口

（1）单击菜单设置键，可以打开设置总屏窗口，如图 3-66 所示。在打开的显示总屏中央，有 6 个按键组合，单击这些键，可以打开特定的子窗口对相关数据、参数进行选择或设置。

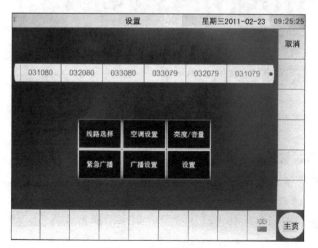

图 3-66　设置总屏窗口

（2）单击线路选择键，可以打开列车运行路线选择窗口，如图 3-67 所示，对系统预设的运行线路（包含起始站、终点站）进行选择。路线选择在 ATC 系统自动调整实现此功能后，驾驶员无须对此进行设置。如自动调整不能实现，则驾驶员需在起始站进行选择设置，以实现列车自动报站广播。如无路线选择或列车不在起始站点，单击屏幕下方的车站选择键，可以进入车站选择窗口，根据当前列车所在位置，设置一条新的行车路线。

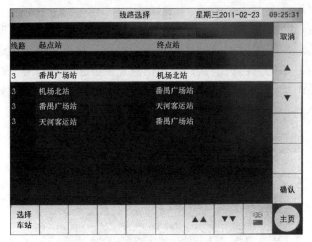

图 3-67　列车运行线路选择窗口

（3）单击空调设定键，可以打开空调设置页面，如图 3-68 所示。在该页面，驾驶员可以看到每节车的平均温度。通过页面下方的按钮，驾驶员可以选择空调自动控制模式或人工调整空调制冷温度以及进行"预冷停止"和"新风关闭"的命令操作。

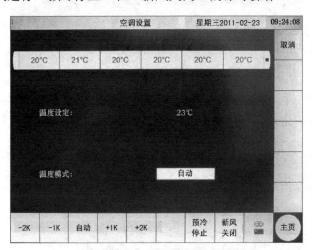

图 3-68　空调设定窗口

（4）单击亮度/音量键，可以打开显示屏亮度、报警音量的设置窗口，驾驶员可以对显示屏亮度进行自动感应调节、关闭，或开启按键音及对亮度和音量进行人工调节。

（5）单击紧急广播键，可以打开紧急广播选择窗口，如图 3-69 所示，对系统内设的紧急广播进行选择。驾驶员选择此项并按确认键后，列车广播系统将反复播报所选择的紧急广播内容。

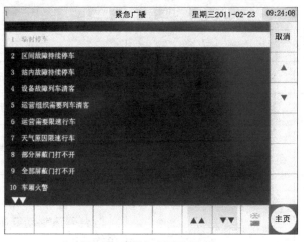

图 3-69 紧急广播选择窗口

（6）单击广播设置键，可以打开广播方式设置窗口。在该窗口，驾驶员可以对广播语言（普通话、英语、粤语）、广播播报和车厢导引地图显示进行开启或关闭操作。

（7）单击设置键，可以进入制动系统自检控制窗口。在该窗口，驾驶员单击屏幕左下方的启动键，可以触发列车制动系统进行自检。屏幕右上方通过两个表框显示每辆列车的自检情况（激活、成功、失败、故障）。

14）临时状态信息窗口

系统设置了一些重要的信息作为临时状态信息进行显示。当这些临时状态信息激活时，信息显示将占据除菜单栏外的整个屏幕。仅特殊的或者重要的事件信息设置为临时状态信息。当临时状态信息消失后，显示屏返回原来的显示页面。

常见的临时状态信息有超速报警/降低速度、牵引封锁/警惕按钮、强迫零位/牵引系统未准备好、牵引封锁/停放制动等。

序号	实施步骤	操作内容	检 查 标 准
1	激活列车	列车激活开关置"接通"位或按压列车激活按钮（开关位置见项目 5 任务 5.1 的知识准备）	检查确认"列车激活"绿灯亮。 检查确认蓄电池电压不低于 85 V
2	激活驾驶台	闭合钥匙开关	检查确认显示屏正常显示，无故障信息显示。 检查确认以下指示灯亮： ① 受电弓降弓灯 ② 停放制动"施加"灯 ③ 空气制动"施加"灯 ④ 主断"分"灯 ⑤ 左、右门"关"灯

续表

序号	实施步骤	操作内容	检查标准
3	试灯	按压"试灯"按钮	检查确认驾驶室所有指示灯亮
4	无线电台试验	打开车载无线电台	车载电台正常启动
		按压话筒上的 PTT 对讲键	能与信号楼正常通信
5	紧急按钮测试	方向手柄置"前"位	
		按压紧急制动按钮	检查确认制动缸压力由约 2 bar 上升至约 3 bar
		按压受电弓升弓按钮	检查确认受电弓未升起
		恢复紧急制动按钮	检查确认制动缸压力由约 3 bar 下降至约 2 bar
6	升弓程序	瞭望	检查确认地沟及走行部无人
		确认主风缸压力	检查确认主风缸压力不低于 3 Bar（新列车确认主风缸压力不低于 4.5 Bar）
		按压受电弓升弓按钮	检查确认受电弓正常升弓，受电弓升弓指示灯亮，受电弓降弓指示灯灭，车辆显示屏上的受电弓图标显示升起，网压数值正常
7	开关门试验	检查车门状态	确认车辆显示屏中所有车门在关闭状态且无故障
		将门模式开关置于"手动（MM）"位	
		按压开左门按钮（有些车型需同时按下强制开门按钮）	检查确认车辆显示屏中左侧车门状态显示为"门开"状态图标。检查确认关左门灯灭，开左门灯亮
		按压关左门按钮	确认车门关闭警示声音响起，车门关闭。检查确认车辆显示屏中所有车门状态显示为"门关"状态图标。检查确认"所有车门关闭"指示灯亮
		重复上述操作，检查右侧车门	

序号	实施步骤	操作内容	检 查 标 准
8	重开门按钮试验	打开左侧车门	
		按压关左门按钮后，马上按压左侧重开门按钮	检查确认未完全关闭的车门正在重新打开。 检查确认显示屏所有车门状态显示为"门开"状态图标
		关闭左侧车门，重复上述操作，检查右侧重开门按钮	
9	列车广播系统试验	在车辆显示屏中选择车站，进行系统广播报站（选择2个车站试播）	检查确认报站正确、系统工作正常
		按压客室广播按钮，进行人工报站	检查确认人工广播正常
		在车辆显示屏中找到紧急广播，进行播报	检查确认内容正确、系统工作正常
10	停放制动试验	缓解停放制动	检查确认停放制动"缓解"绿色指示灯亮，"施加"红色指示灯灭，列车停放制动缓解。 检查确认车辆显示屏制动图标无停放制动标志
		施加停放制动	检查确认停放制动"施加"红色指示灯亮，停放制动"缓解"绿色指示灯灭，列车停放制动施加。 检查确认车辆显示屏制动图标有停放制动标志
		缓解停放制动	
11	警惕按钮试验	按压几下警惕按钮	确认警惕按钮无卡滞现象
		无须按压警惕按钮，将主控手柄推向牵引位最小位	检查确认车辆显示屏出现"牵引封锁/警惕按钮"字样
		将主控手柄拉回"零"位	检查确认车辆显示屏"牵引封锁/警惕按钮"字样消失

项目 3 列车整备作业

续表

序号	实施步骤	操作内容	检查标准
12	牵引/制动试验	瞭望	确认列车两侧人员处于安全区域,车体下部及列车走行部无人作业
		接通高速断路器	检查确认主断"分"红色指示灯灭,主断"合"绿色指示灯亮。 检查确认,网压显示在 1 000~1 800 V
		将驾驶模式置"RM"位	检查确认车辆显示屏上的"制动屏",确认列车制动状态正常。 检查确认车辆显示屏上的"牵引状态屏",确认牵引电机正常
		鸣笛	
		主控手柄推向"牵引"区,但不得超过20%	检查确认驾驶台"所有气制动缓解"指示灯亮
		待客车刚移动,立即将主控手柄拉回"制动"区100%处	列车停车,确认驾驶台"气制动施加"指示灯亮。 检查列车显示屏应无故障显示
13	整备完毕	填写列车整备检查记录单	

项目反思

1. 列车整备的过程为什么要按照一定的顺序?哪些步骤的顺序是可以变化的?哪些步骤的顺序是不可以变化的?

2. 你在列车整备的过程中发现了哪些问题?这些问题是否影响列车出场运营?

项目 4

标准化出乘作业

项目描述

  驾驶员最基本的工作就是每天的出乘作业，标准化的出乘是安全运营的保障。本项目要求学生从出场开始完成一次标准化出乘作业，掌握驾驶员最基本的驾驶与乘务工作。

学习目标

1. 了解列车运行模式。
2. 认识列车 ATC 系统显示界面的列车运行相关信息图标。
3. 掌握手指口呼安全确认法。
4. 掌握列车正线运行方法。
5. 掌握列车折返方法。
6. 掌握广播报站方法。
7. 能够完成标准的出乘作业。

任务 4.1　出、入车场作业

任务布置

任务名称	出、入车场作业
任务要求	熟练掌握列车出、入场作业流程及操作方法,驾驶列车由库内至第一站,完成一次出场作业,再由终点站至车库,完成一次入场作业
任务准备	1. 场地：城市轨道交通运营企业车场或者列车模拟驾驶实训室。 2. 设备：列车模拟驾驶实训台。 3. 准备：两名学生一组，轮流扮演驾驶员与信号楼值班员
引导问题	1. 你还记得出入车场的信号机怎样识读吗？ 2. 出入车场时驾驶员与信号楼的联控用语是怎样

 知识准备

✿ 4.1.1　列车运行模式

1. ATO 自动驾驶模式（AM）

1）基本特征

两站间的列车自动运行，列车的运行不取决于驾驶员。驾驶员负责监督：ATP/ATO 指示、列车状况，所要通过的轨道、道岔、信号的状态，必要时加以人工介入。

2）基本运用

正线的正常运行（包括折返线和试车线）。

2. 受监控/保护人工驾驶模式（SM/PM）

1）基本特征

在 SM/PM 模式下，列车由驾驶员人工驾驶，运行速度受"列车超速防护（ATP）系统"实时监控。ATP/ATO 车载设备在驾驶室的显示器上给出列车的实际速度、限制速度、目标速度以及目标距离等参数。当列车接近 ATP 限制速度时，系统对驾驶员给出声光报警信号，提醒驾驶员注意，如列车的运行速度超过了限制速度，在 ATP 系统的超速防护下，列车立即实施紧急制动。

2）基本运用

（1）ATO 故障时的降级运行。

（2）运行时在轨道上发现有障碍物或在高架段轨面湿滑时等需人工驾驶的情况。

（3）运营低峰期的驾驶员驾驶练习。

3. 限制人工驾驶模式（RM）

1）基本特征

RM 驾驶模式是只在车载 ATP 保护下限速 25 km/h 或 60 km/h 的人工驾驶。驾驶员根据地面信号机的显示或车站值班员的手信号指示，驾驶列车以不超过 25 km/h 或 60 km/h 的 ATP 限制速度运行。如列车运行速度超过车载 ATP 的限制速度，则产生紧急制动。

2）基本运用

（1）车辆段运行。

（2）联锁、轨道电路、ATP 轨旁设备故障。

（3）列车紧急制动以后。

4. 自动折返模式（AR）

1）基本特征

AR 模式包括列车的自动换向和有折返轨的自动折返。其中有折返轨的自动折返又可分为人工折返和无人折返。

2）基本运用

在折返站和具有换向功能的轨道区段使用。

5. 非限制人工驾驶模式（URM/cut-out）

1）基本特征

列车的运行完全由驾驶员负责，没有 ATP 的监控。在列车运行中，驾驶员根据行车调度的指示，按地面信号机的显示信号或按路票及车站值班员手信号行车。

2）基本运用

（1）车载 ATP 设备故障而不能使用。

（2）车辆部分设备检修和调试。

4.1.2 ATC 显示界面的识读

1. 长春轻轨四号线准移动闭塞 ATC 车载显示屏界面

长春轻轨四号线信号系统的车载 ATP 设备采用的是 FZL100 基于数字轨道电路的准移动闭塞 ATC 系统中的 Z20 型车载 ATP 系统。其显示界面如图 4–1 所示。

图 4–1　长春轻轨四号线准移动闭塞 ATC 车载显示屏界面全显示范例

根据功能的不同，显示界面可以分为 9 个区域，如图 4–2 所示，分别用 A～I 来表示。

C1	C2	C3		C4	F1
			A1		F2
B1			A2	G1 G2 G3	
				G4 G5 G6	
				G7 G8 G9	
				G10 G11 G12	
D1	D2	D3	D4	G13 G14 G15	
E1 E2	E3	E4	E5	G16	
H1 H2	H3	H4	H5	I	

图 4–2　长春轻轨四号线准移动闭塞 ATC 车载显示屏界面分区示意图

1）A 区（目标信息显示区）

A1 区以数值形式显示目标距离。A2 区以光柱形式显示目标距离，并对数递减。光柱的标尺最大范围对应 1 000 m，使用对数轴。光柱的颜色由目标速度及目标距离决定，具体如表 4-1 所示。

表 4-1 目标距离柱形颜色变化表

目标距离 目标速度	300 m＜s	150 m＜s≤300 m	s≤150 m
v≥60 km/h	淡绿	淡绿	淡绿
25 km/h≤v＜60 km/h	淡绿	淡绿	黄
0 km/h＜v＜25 km/h	淡绿	黄	黄
v=0 km/h	淡绿	黄	红

2）B 区（速度仪）

如图 4-3 所示，指针指示的刻度及指针端部的数值均为列车当前速度。刻度上的黄色三角指示报警速度，红色三角指示限制速度，量程 0～100 km/h。当前速度小于报警速度时，指针为白色；当前速度大于报警速度小于限制速度时，指针为黄色；当前速度大于限制速度时，指针为红色。

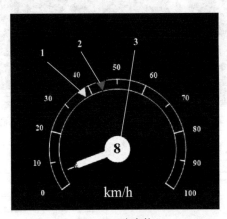

图 4-3 速度仪

1—报警速度；2—限制速度；3—当前速度

3）C 区（车辆信息显示区）

C 区显示图标及意义如表 4-2 所示。

表 4-2 C 区显示图标及意义

显示分区	显示方式	显示意义	说　明
C1	主运行屏	屏幕标题	
C2	下一站：东大桥	下一站编号	如果没有输入信息将显示空白

显示分区	显示方式	显示意义	说　明
C3	终点站：车场	终点站编号	如果没有输入信息将显示空白
C4	车次号：1008	车次号	如果没有输入信息将显示空白

4）D 区（辅助速度信息显示区）

D 区显示图标及意义如表 4–3 所示。

表 4–3　D 区显示图标及意义

显示分区	显示方式	显示意义	说　明
D1	8	列车实际速度	绿色数字
D2	38	列车报警速度	黄色数字
D3	44	列车限制速度	红色数字
D4		预留	

5）E 区（故障信息显示区）

E 区显示图标及意义如表 4–4 所示。

表 4–4　E 区显示图标及意义

显示分区	显示方式	显示意义
E1	ATP 1/2	1 套 ATP 故障
	ATP 2/2	2 套 ATP 故障
E2	ATO	ATO 故障
E3	STM	STM（ATP 地面接收模块）故障

续表

显示分区	显示方式	显示意义
E4	TWC	TWC（车地通信设备）故障
E5		预留

6）F 区（日期时间信息显示区）

F1 分区显示当前系统日期，格式为 yyyy–mm–dd；F2 分区显示当前系统时间，24 小时制，格式为 hh:mm:ss。

7）G 区（驾驶模式及状态信息显示区）

G 区显示图标及意义如表 4–5 所示。

表 4–5　G 区显示图标及意义

显示分区	显示方式	显示意义	说　　明
G1	RM	ATP 工作模式	显示不同文字所代表的含义： RM：人工驾驶限速模式； SM：人工驾驶监控模式； AM：自动驾驶模式； NRM：切除模式； 待机模式：待机模式； 挂起模式：挂起模式
G2		ATP 系统紧急制动/全常用制动命令	红色为紧急制动命令； 白色为全常用制动命令
	(M)	ATP 系统切除牵引命令	
G3	(M)	ATO 系统牵引命令	
	(B)	ATO 系统制动命令	
	()	ATO 系统惰行命令	

显示分区	显示方式	显示意义	说　　明
G4		门旁路	
		开门允许	双侧三角符号显示红色，为不允许左右两侧车门打开； 双侧三角符号显示黄色，为允许左右两侧车门打开； 左侧三角符号显示黄色，为允许左侧车门先开启，右侧车门再开； 右侧三角符号显示黄色，为允许右侧车门先开启，左侧车门再开
		允许左侧车门开启	
		允许右侧车门开启	
G5		门状态	白色表示门全关； 绿色表示门全开； 左侧绿色，表示左侧门打开，右侧门关闭； 右侧绿色，表示右侧门打开，左侧门关闭
G6		屏蔽门状态	
G7		零速	
		超速	
G8		RM 按钮按下	
G9		进入折返区域	进入折返区域，显示为绿色；按下折返按钮，确认折返操作后变为黄色
		进入无人折返区域	进入无人折返区域，显示为绿色；按下折返按钮，确认折返操作后变为黄色

项目 4 标准化出乘作业

续表

显示分区	显示方式	显示意义	说　明
G10		制动力不足	
		空转	
		打滑	
G11		发车允许信号	红色表示扣车； 绿色表示站停时间结束，允许发车
G12	跳停 01站	跳停 01～15 站指示	数字表示 ATO 控车越过车站的数量，长春轻轨四号线全线 17 站，所以最多跳停 15 站
G13	MM	门控模式	MM：人工开关车门； AM：自动开门，人工关门； AA：自动开关车门
G14		停准指示	绿色表示停准，红色表示越标
G15		进入车辆段折返轨提示	
G16	运动中车门打开	文本提示信息	

8）H 区（功能键）

H1 区和 H2 区有运行和检修两个键，通过触摸这两个键，可以进行相关数据的设置。

（1）运行键包括的内容驾驶员可以操作，包括：司机号、屏幕亮度、蜂鸣器音频。

（2）检修键包括的内容驾驶员不能任意操作，所以按该键的进入需要密码保护。其内容包括：时间、日期、车组号、轮径值。

9）I 区（公司标志信息）

2. 郑州地铁一号线移动闭塞 ATC 车载显示屏界面

郑州地铁一号线采用阿尔卡特移动闭塞 ATC 系统，其显示界面如图 4-4 所示。

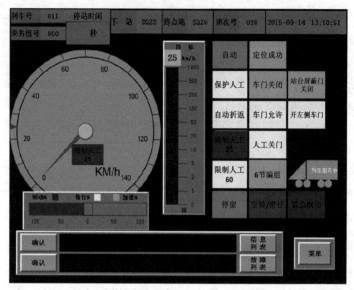

图4–4　郑州地铁一号线移动闭塞 ATC 车载显示屏界面全显示范例

根据功能的不同，显示界面可以分为 7 个区域，如图 4–5 所示，分别用 A～G 来表示。

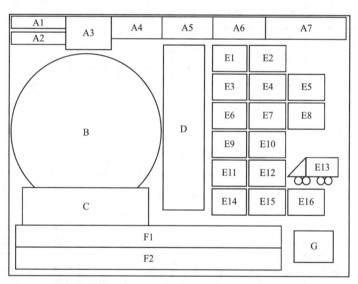

图4–5　郑州地铁一号线移动闭塞 ATC 车载显示屏界面分区示意图

1）A 区（列车运行数据信息显示区）

A 区显示的是列车运行数据信息。A1 显示列车号，对应车辆的编号，在列车运营使用时已设置输入。A2 显示乘务组号，以三位数字形式显示，可由驾驶员在车载显示屏输入，也可由行调在控制中心 HMI（人机界面）输入。A3 显示列车停站时间倒计时，一般在倒计时还剩 15 s 时开始显示。A4 显示前方到站信息，以车站中文拼音的缩写显示。A5 显示终点站信息，同样以车站中文拼音缩写显示。A6 显示班次号。A7 显示运行实际日期和时间，格式为 yyyy–mm–dd　hh:mm:ss。

2）B 区（速度仪）

速度仪指针指示的是列车的实际运行速度，指针端部下方的图文框内显示列车当前的驾驶模式。速度刻度上方的三角红色符号指示的是 ATP 允许运行速度,即推荐速度。列车运行速度不能超过推荐速度,否则,ATP 触发紧急制动。

3)C 区(牵引、制动状况显示区)

C 区通过柱形符号的长短动态变化适时显示列车加速、惰行与制动的运行工况及牵引力或制动力实施的大小,该功能仅在 ATO 模式(包括无人驾驶折返)下才有显示。该显示区左侧为常用制动施加显示区,采用红色条形显示;中间为惰行显示区,采用黄色固定显示;右侧为牵引加速显示区,采用绿色条形显示。

4)D 区(目标信息显示区)

该区上部显示目标速度,采用数字显示。目标速度仅在推荐速度有下调时方有显示。下部显示目标距离,即列车到达目标点的距离,以 m 衡量,显示范围为 0~1 000 m,超过 1 000 m,则一直以满框形式显示。

5)E 区(列车驾驶信息显示区)

E 区通过图标文字与背景颜色变化显示列车选择的驾驶模式、对位情况、列车投入情况及车门控制情况的信息。图标的显示、弹出与消失依据驾驶员的操作选择、列车对位、列车投入以及行调控制情况而定,具体情况如表 4-6 所示。

表 4-6　E 区显示及意义

显示分区	显示文字	背景颜色	显示意义	说　明
E1	自动	黄色	允许使用 ATO 模式	驾驶模式开关在"RM"位或 PM 模式激活时均有显示,关闭模式时消失
		灰色	ATO 模式已激活	PM 模式下,按压 ATO 模式按钮实现
E2	定位成功	绿色	列车进站停车对(位)准确	列车在站内对标停车(0.5 m 范围内)后出现,启动列车后消失
E3	保护人工	黄色	允许使用 PM 模式	驾驶模式开关在"RM"位或 ATO 模式激活后均有显示,关闭模式时消失
		红色	PM 模式已激活	开关选择 PM 模式或 ATO 模式下,主控手柄离开"0"位实现
E4	车门关闭	绿色	所有车门(包括驾驶室侧门)关闭	信号选择开关在"有效"位时,无论列车当前为何种模式(包括关闭模式),此图标都有对应的显示
	车门开启	红色	存在未关闭车门	
E5	站台屏蔽门开启	红色	站台屏蔽门已开启	开启站台屏蔽门或屏蔽门检测故障或通信故障时显示
	站台屏蔽门关闭	绿色	站台屏蔽门已关闭	列车对位停车未开屏蔽门前及关闭屏蔽门后显示,启动列车离站 5 m 左右后消失
E6	自动折返	黄色	允许使用自动折返	在折返车站,按压无人驾驶折返模式按钮。离开折返车站
		红色	自动折返已激活	在允许使用自动折返的条件下,同时按下两个 ATO 启动按钮

显示分区	显示文字	背景颜色	显示意义	说　　明
E7	车门允许	黄色	站台侧开门允许信号	列车对标停车或按压强制开门按钮后均有显示，启动列车时消失
E8	开左侧车门	黄色	允许开左侧车门	仅在列车停车到位且前方信号未开放时图标出现，否则消失；根据实际站台的位置显示左右侧
	开右侧车门	黄色	允许开右侧车门	
E9	限制人工25	黄色	允许转换至RM25模式	列车模式开关在"PM"位（未选择RM60）或RM60模式停车后弹出显示
		红色	RM25模式已激活	未事先选择RM60时，将驾驶模式选择开关旋至"RM"位或在RM60模式下进入菜单设置窗口选择RM25后显示
E10	人工关门	黄色	已选择人工关门模式	关门模式开关旋至"手动"位且ATO模式激活时显示
	自动关门	黄色	已选择自动关门模式	关门模式开关旋至"自动"位且ATO模式激活时显示
E11	限制人工60	黄色	允许转换至RM60模式	驾驶模式旋至"RM"位时弹出显示，RM25模式启动列车后消失，停车后再次弹出，如此反复。进入设置窗口选择后，在PM和ATO保持显示
		红色	RM60模式已激活	RM25模式下进入菜单设置窗口选择RM60后显示
E12	6节编组	绿色	列车编组形式为6节	信号选择开关在"有效"位时，无论列车当前为何种模式（包括关闭模式），此图标都有对应的显示
	3节编组	绿色	列车编组形式为3节	
E13	列车服务中	灰色	列车已投入	在列车建立车—地通信后。无论列车当前为何种模式（包括关闭模式），此图标都有对应的显示
E14	跳停	紫色	前方车站不停车通过	行调设置跳停命令后，列车接近车站时，图标弹出显示，列车通过车站后，图标消失
	停留	灰色	列车已被扣停	行调设置扣停命令后，列车停车后，图标弹出显示。扣停期间，VOBC不提供推荐速度，直至行调取消扣停命令。启动列车后，图标消失
E15	空转/滑行	紫色	列车产生空转或滑行	此图标在系统检测到列车空转或滑行时弹出显示
E16	紧急制动	红色	列车已施加紧急制动	此图标在列车产生紧急制动时弹出显示，如为VOBC出发的紧急制动，控制中心在列车停车执行缓解指令后，紧急制动缓解，图标消失

项目 **4** 标准化出乘作业

6）F 区（提示信息和故障信息显示区）

F1 为提示信息显示栏，F2 为故障信息显示栏。在这两个信息栏的左边设有确认键，在相应信息出现后，驾驶员可以按确认键确认。右边设有信息列表键，按此键可以打开相应的列表，查看信息记录。

7）G 区（菜单控制键）

单击菜单控制键，可打开菜单窗口，如图 4-6 所示。

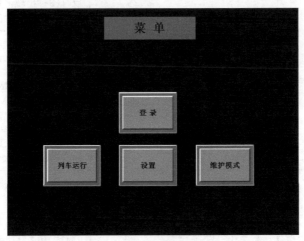

图 4-6　菜单控制窗口

（1）在菜单窗口，驾驶员单击列车运行键，可返回列车运行窗口。

（2）单击设置键，可以进入设置窗口，如图 4-7 所示，进行 RM25 或 RM60 模式选择、设置班次号、乘务组号等操作。

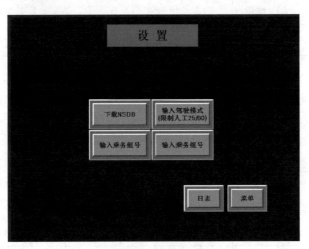

图 4-7　设置窗口

（3）单击维护模式键，可设置访问权限/用户代码，上传信息至外部设备，选择语言等。

3. 广州地铁四号线移动闭塞 ATC 车载显示屏界面

广州地铁四号线采用西门子移动闭塞 ATC 系统。其显示界面如图 4-8 所示。

图 4-8　广州地铁四号线移动闭塞 ATC 车载显示屏界面全显示范例

根据功能的不同，显示界面可以分为 8 个区域，如图 4-9 所示，分别用 A～H 来表示。

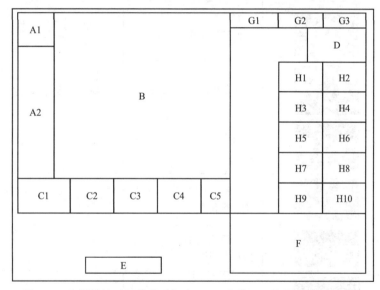

图 4-9　广州地铁四号线移动闭塞 ATC 车载显示屏界面分区示意图

1）A 区

A 区显示列车运行的目标信息。

A1 区显示橙色图框时，提醒驾驶员实施制动降速；显示红色图框时，表示列车已施加紧急制动。A2 区显示列车的目标速度和目标距离，目标速度以数值形式显示，目标速度以柱形图形式显示，其显示方式与长春轻轨四号线准移动闭塞 ATC 车载显示屏中的目标距离显示大体一致，柱形图颜色如前面表 4-1 所示。

2）B 区

B 区显示速度仪，如图 4-10 所示，指针指示的刻度及指针端部的数值均为列车当前速度。刻度上的黄色三角指示系统推荐速度，红色三角指示紧急制动触发的速度。RM 模式下黄色三角符号消失，红色三角符号仍然保留。

图 4-10 速度仪

3）C 区

C 区显示列车辅助运行信息，如表 4-7 所示。

表 4-7 C 区显示图标及意义

显示分区	显示方式	显示意义	说　　明
C1	(M)	列车处于牵引状态	此三种显示方式仅在 AM 模式或 XAM（扩展自动驾驶）模式下方有显示
	-O-	列车处于惰行状态	
	(B)	列车处于常用制动施加状态	
C2	SM-I	可预选 ITC（点式控制）级别的 SM	
	SM-C	可预选 CTC（连续控制）级别的 SM	
	AM-I	可预选 ITC 级别的 AM	
	AM-C	可预选 CTC 级别的 AM	
	XAM	可预选 CTC 级别的 SM	
C3	(图标)	列车完整性缺失	列车失去完整性或有一个 ATP 故障
C4	(图标)	列车制动力减小	系统检测制动系统有制动切除时显示

显示分区	显示方式	显示意义	说　明
C5		前端 OBCU（车载控制单元）处于激活状态，后端 OBCU 处于待机状态	
		前端 OBCU 处于激活状态，后端 OBCU 处于关闭	
		后端 OBCU 处于激活状态，前端 OBCU 处于关闭	

4）D 区

D 区为菜单控制键，单击该键，可进入信息设置窗口。

5）E 区

E 区为时钟显示，显示 OBCU 运行时间（hh：mm：ss）。

6）F 区

F 区显示需要驾驶员确认的命令，以图文框（白色英文字符）的形式显示。在有新的命令出现时，图文框弹出显示，黄色边框不停闪烁。驾驶员按压驾驶台的确认按钮后，图文框消失。当显示 "keep XAM" 命令时，若驾驶员在 10 s 内未进行确认，则 10 s 后图文框自动消失。

驾驶员确认的命令包括以下几种：

（1）确认释放速度。

（2）确认模式/级别预先选择。

（3）确认退出领域。

（4）启动转换到 XAM 模式。

（5）保持 XAM 模式。

7）G 区

G 区显示列车运行数据。G1 显示列车的服务号，G2 显示列车的目的地号，G3 显示乘务组号。

8）H 区

H 区通过图标符号或字母的形式（无图文框）显示列车的运行模式、运行工况和状态监测等信息，具体显示情况和意义如表 4–8 所示。

表 4–8　H 区显示意义及说明

显示分区	显示方式	显示意义	说　明
H1	RM	列车当前驾驶模式为限制人工模式	RM 模式仅在联锁控制级别使用

项目

4

标准化出乘作业

续表

显示分区	显示方式	显示意义	说　明
H1	SM	列车当前驾驶模式为监督人工模式	SM 模式在 ITC 和 CTC 级别可使用
	AM	列车当前驾驶模式为自动驾驶模式	AM 模式是 ITC 和 CTC 级别的正常运营模式，只能由 SM 或 XAM 模式转换
	XAM	列车当前驾驶模式为扩展自动驾驶模式	只能由 CTC 级别的 AM 模式转换，每次列车以 XAM 模式启动离站后，驾驶员必须按压确认按钮，方可使 XAM 模式得以保持
H2	IXL	列车处于联锁控制级别	在车载 ATP 启用下，首次激活驾驶台、列车在车场、按压 RM 按钮、列车产生紧急制动后均显示此图标
	ITC	列车处于点式控制级别	此控制级是单向的，从轨旁设备接收移动授权，没有相关信息发送回轨旁设备，车门和 PSD 不能联动，驾驶员确认地面信号显示，人工确认速度释放后，采用相关驾驶模式运行
	CTC	列车处于连续控制级别	该控制级与轨旁设备双向通信，通过车载无线设备与轨旁无线设备交换数据，获得移动授权，AIP 监督 PSD 的状态，车门和 PSD 可以联动
H3	(图标)	列车已收到折返指令，可进行自动折返	图标闪烁显示
	(图标)	确认折返操作，AR 模式激活	按压 AR 按钮后，固定显示
H4	(图标)	列车进站停车在停车窗之外	列车进站停车接近停车窗开始显示，进入停车窗转为绿色
	(图标)	列车进站停车已进入停车窗范围	列车启动后消失
H5	(图标)	开左侧车门	
	(图标)	开右侧车门	

显示分区	显示方式	显示意义	说　明
H5		开两侧车门	
		已切除 ATP 对车门状态的监控和保护	通过按压强行开门按钮实现
H6		关闭请求	列车停站时间已到，系统发出请求时显现，伴有音频信号
		发车请求	在列车停站时间，列车可以出站时显示
H7	MM	列车执行人工开、关车门模式	门模式开关旋至"MM"位时实现
	AM	列车执行自动开门、人工关车门模式	门模式开关旋至"AM"位时实现
	AA	列车执行自动开、关车门模式	门模式开关旋至"AA"位时实现
H8		列车产生空转/滑行	系统检测到空转/滑行时显示。持久显示，表示严重地空转/滑行；闪烁显示，表示一般地空转或滑行
		列车产生紧急制动	列车产生紧急制动时显示，确认转换到 RM 模式后消失
		站台屏蔽门打开或没有关闭	列车进站停车后，在站台屏蔽门打开时显示，屏蔽门关闭后消失
H9	RAD	无线通信丢失	在 CTC 级别，无线通信丢失会导致列车产生紧急制动
	ATP	ATP 故障	
	ATO	ATO 故障	

续表

显示分区	显示方式	显示意义	说　明
H10		列车即将进入车场	列车进入转换轨时显示
		列车已经进入车场范围	
		已激活释放速度程序	在显示屏 F 区显示"ACK Confirm Release Speed"信息时，驾驶员按压驾驶台确认按钮后显示

4.1.3　手指、口呼安全确认法

手指、口呼安全确认法是指通过心想、眼看、手指、口述需确认的安全关键部位，以达到集中注意力、正确操作目的的一种安全确认方法。驾驶员在整个作业过程中熟练地进行手指、口呼，形成习惯，可以提高安全意识和操作技能，达到少出错误、少出纰漏、少出事故的目的。

1. 车场内手指、口呼

车场内手指、口呼的内容及标准如表 4—9 所示。

表 4—9　车场内手指、口呼的内容及标准

呼唤时机	呼唤用语	手指	备　注
出库车库门前	一度停车	√	列车必须在库门前、一度停车牌前、平交道口前停车
平交道口前			
一度停车牌			
入库车库门前	库门好	√	确认库门开启位置正确
列车接近道岔时	道岔好	√	
	停车		道岔位置显示不正确时，立即停车
列车接近调车信号机时	白灯好	√	
	红灯停车	√	列车必须在红灯前停车
列车进入尽头线	尽头线注意		自进入该线起，控制好速度，准备停车

说明：
1. 手指方式为：左手握拳，食指中指并拢平伸。指尖需指向确认内容。
2. 列车进出库停车规定：
(1) 入库列车进入 A 端停车时，需 5 km/h 限速牌前、库门前分别停车 1 次。
(2) 入库列车进入 B 端停车时，需 5 km/h 限速牌前、库门前、A～B 端道口处分别停车 1 次。
(3) A 端列车出库，动车前确认库门开启正常，动车至库门外平交道口前一度停车。
(4) B 端列车出库，动车前确认 A～B 端道口安全，动车至库门前、库门外平交道口前各停车 1 次。

2. 正线驾驶手指、口呼

正线驾驶手指、口呼的内容及标准如表4-10所示。

表4-10 正线驾驶手指、口呼的内容及标准

呼唤时机	呼唤用语	手指	说　　明
道岔防护及区间信号	绿灯	√	按正常速度通过
	黄灯，注意限速	√	控制速度（低于25km/h）
	红灯停车	√	正确采取制动措施，确保列车在红灯前停车
列车接近道岔时	道岔好	√	
	停车		道岔位显示不正确时，停车
列车停稳后，对标准确，MMI有门释放图标	开左（右）门		呼唤后，离开座椅，打开驾驶室侧门，上站台
屏蔽门/车门开启后	屏蔽门、车门打开	√	车门和屏蔽门开启后
距离开车15 s左右时	关门		呼唤后，按压关门按钮
屏蔽门/车门关闭后	屏蔽门、车门关好，无夹人夹物，空隙安全	√	
进入驾驶室前	门关好灯亮	√	确认驾驶室门关好指示灯亮后呼唤
动车前	推荐速度有	√	
监听到第一遍客室广播后	××站		
限速牌前	限速××	√	URM模式驾驶时执行
限速取消牌前	限速60	√	URM模式驾驶时执行
列车接近站台时	进站注意		列车头部到达尾端墙时
列车接近站台中部时	对标停车	√	ATO时注意MMI上目标速度为"0"，目标距离变红，控制速度，准备停车
列车接近进（出）场信号机时	黄灯（白灯）好	√	
	红灯停车	√	列车必须在红灯前停车
两端终点站折返前	确认折返		图标出现黄色背景
进入折返线、停车线后	尽头线注意		加强速度及目标距离监控，手动驾驶时控制好速度
列车折返换端，两驾驶员交接时	设备正常，安全无事		由交班驾驶员确认设备正常后，向接班驾驶员交班

3. 电话闭塞法行车时正线手指、口呼

电话闭塞法行车时正线手指、口呼的内容及标准如表4-11所示。

项目

4

标准化出乘作业

137

表4-11 电话闭塞法行车时正线手指、口呼的内容及标准

呼唤时机	呼唤用语	手指	备 注
列车停稳后,对标准确,驾驶台空气制动红灯亮	开左/右门		呼唤应答后,打开左/右侧驾驶室侧门,上站台开客室车门
站台门/车门开启后	站台门、车门已开	√	车门和站台安全门开启后
确认路票正确后	路票正确,关左/右门	√	驾驶员与学员须一起确认路票正确
站台门/车门关闭后	站台门、车门关好,无夹人夹物,空隙安全	√	
进入驾驶室前	门关好灯亮,有发车手信号	√	确认驾驶室门关好指示灯亮后呼唤
遇道岔位置时,确认进路正确后	道岔好	√	能清楚确认道岔位置时呼唤

1. 出场作业

序号	实施步骤	操作内容	执 行 标 准
1	驾驶员出勤	领取列车状态记录卡及司机钥匙等行车备品	按时出勤,按规定着装,携带有关证件
2	整备作业	项目3中已完成	
3	与信号楼联系出厂	驾驶员联控信号楼	驾驶员:"信号楼,××车××道×段整备作业完毕。"
		信号楼回复驾驶员	信号楼值班员:"××车×道×段整备作业完毕,信号楼明白。"
		信号楼通知驾驶员可以动车	待出库信号开放后,信号楼通知驾驶员:"××车,××道列车出库信号已开放。"
		驾驶员复诵	驾驶员回复信号楼:"××车,××道往CD1列车出库信号已开放,司机明白。"
4	列车出库	确认出库信号机黄灯好	手指出库信号机,口呼:"列车信号黄灯好"
		启动列车,以RM(25 km/h)模式驾驶列车	按照标准流程鸣笛并启动列车,库内限速5 km/h
		在平交道口前一度停车	在平交道口前(10 m 范围内)一度停车,手指、口呼:"一度停车"

序号	实施步骤	操作内容	执 行 标 准
4	列车出库	确认平交道口无人、无障碍	确认平交道口无人、无障碍,驾驶员眼看、手指、口呼:"道口安全"
5	车场内行驶	启动列车,以 RM(25 km/h)模式驾驶列车	鸣笛后,再次启动列车,并以 RM(25 km/h)模式驾驶列车
		途中遇道岔,需手指、口呼	眼看、手指、口呼:"道岔好"
		途中遇信号机,需手指、口呼	眼看、手指、口呼:"黄/绿灯好"
6	转换轨处模式转换	进入转换轨后,严格控制列车速度,按照规定速度运行并且安全停车	列车完全进入转换轨后,在前方信号机前(10 m 范围内)停车
		将驾驶模式转为 ATP	"转 ATP"后,将驾驶模式选择开关打至"ATP"位
		驾驶员汇报行调	驾驶员呼叫行调:"行调,××次在转换轨停稳,已转 ATP 模式。"
		行调回复驾驶员	行调回复驾驶员:"××次在转换轨停稳,已转 ATP 模式,行调收到。××次凭信号显示动车。"
		驾驶员复诵	驾驶员复诵:"××次凭信号显示动车,司机明白。"
		确认前方信号机信号正确,显示屏收到速度码	眼看、手指信号机,口呼:"黄/绿灯好",眼看、手指 ATC 显示屏,口呼:"推荐速度有"
		启动列车,以 ATP 模式运行	鸣笛后,再次启动列车,以 ATP 模式运行
7	进入正线	途中遇到信号机及道岔,需确认道岔位置及信号状态	眼看、手指、口呼:"黄/绿灯好"、"道岔好"
		第一站停车	进站对标停车

项目 **4** 标准化出乘作业

139

2. 入场作业

序号	实施步骤	操作内容	执 行 标 准
1	终点站清客	人工广播清客	"终点站到了，请全体乘客带齐行李物品下车，多谢合作。"
		确认清客完毕，准备关门	确认车站给出清客"好了"口呼："好了信号有"
		关闭车门	
2	出站	确认出站信号、道岔	列车到达终点站清客退出运营后，眼看、手指、口呼："黄/绿灯、道岔好，推荐速度有"
		启动列车，以 ATP 模式运行	按照标准启车流程鸣笛后启动列车；以 ATP 模式运行，驾驶列车时严格控制列车速度
3	转换轨处模式转换	列车进入转换轨后，在进段信号机前一度停车	列车完全进入转换轨后，在进段信号机前（10 m 范围内）停车
		将驾驶模式转为 RM	"转 RM"后，将驾驶模式选择开关打至"RM"位
		驾驶员与信号楼联系入库	驾驶员联控信号楼："信号楼，××车在转换轨×道停稳。"
		信号楼回复驾驶员	信号楼回复驾驶员："××车在转换轨×道停稳，信号楼明白。"
		信号楼通知驾驶员可以动车	待入场信号开放后，信号楼通知驾驶员："××车，转换轨×道往××道列车信号黄灯好，司机可以动车。"
		驾驶员复诵	驾驶员回复信号楼："××车，转换轨×道往××道列车信号黄灯好，可以动车，司机明白。"
4	车场内行驶	确认入场信号机黄灯好	手指进段信号机，口呼："列车信号黄灯好"
		启动列车，以 RM（25 km/h）模式驾驶列车	按照标准流程鸣笛后启动列车，并以 RM（25 km/h）模式驾驶列车
		途中遇道岔，需手指、口呼	"道岔好"

序号	实施步骤	操作内容	执 行 标 准
4	车场内行驶	途中遇信号机,需手指、口呼	眼看、手指、口呼:"黄/绿灯好"
		在平交道口前一度停车	在平交道口前(10 m 范围内)停车,手指、口呼:"一度停车"
		确认平交道口无人、无障碍	确认平交道口无人、无障碍,驾驶员眼看、手指、口呼:"道口安全"
5	列车入库	启动列车,以 RM(25 km/h)模式驾驶列车	鸣笛后再次启动列车,限速 5 km/h 入库
6	停车断电	列车运行至停车轨道末端车挡表示器前停车	列车运行至离停车股道末端车挡表示器前约 10 m 时停车
		主控手柄、方向手柄置"0"位	主控手柄、方向手柄置零位
		"分"主断	按压主断"分"按钮
		施加停放制动	按压"停放制动施加"按钮
		确认停放制动施加	停放制动"施加",红色指示灯亮;停放制动"缓解",绿色指示灯灭
		汇报信号楼	驾驶员联控信号楼:"信号楼,××车已在××道×段停稳,列车已做好防护。"
		信号楼回复驾驶员	信号楼回复驾驶员:"××车已在××道×段停稳,列车已做好防护,信号楼明白。"
		降下受电弓	按压受电弓"降"按钮
		关闭主控钥匙	将主控钥匙置"关"位
		断激活	将激活按钮打至"分"位

任务 4.2　正线作业及折返作业

任务名称	正线作业及折返作业
任务要求	熟练掌握列车正线作业及折返作业流程及操作方法,驾驶列车进行一次正线作业及折返交接班作业。
任务准备	1. 场地:城市轨道列车模拟驾驶实训室及城市轨道交通运营线。 　2. 设备:列车模拟驾驶实训台。 　3. 准备:两名学生一组:一名扮演交班驾驶员,一名扮演接班驾驶员,轮流进行正线作业并在折返作业的过程中交接班
引导问题	1. 正线行驶会遇到哪些行车信号或行车标志? 　2. 你在乘坐城市轨道列车时坐到过终点站吗?列车是否清客?若不清客,列车是怎样继续运营的

知识准备

❋　4.2.1　列车正线运行

1. 驾驶员日常值乘方式

列车在正线运行的同时,驾驶员必须根据列车运行交路,合理安排值乘任务。轨道交通驾驶员值乘列车的安排方式有下面两种。

1)轮乘制

轮乘制是指列车的值乘驾驶员不固定,由各位驾驶员轮流值乘。采用轮乘制后,有利于合理安排驾驶员的作息时间,以较少的驾驶员完成乘客输送任务。但驾驶员对车辆性能、状态的熟悉程度和对车辆保养的责任心,可能不如包乘制,为此需要建立制度、加强教育,明确驾驶员的职责,提高车辆保养质量。目前,大多数城市轨道交通线路采用轮乘制,这样既可以提高劳动生产率,也可以不断提高车辆可靠性。

2)包乘制

包乘制是指列车的值乘驾驶员固定,由若干位驾驶员包乘包管。采用包乘制后,便于驾驶员掌握车辆性能、状态,有利于增强驾驶员对车辆保养的责任心。但与轮乘制相比,采用包乘制时,驾驶员的劳动生产率较低;对车辆运用计划的编制要求较高;另外,夜班驾驶员下班不便。

驾驶员根据值乘安排,驾驶列车经出、入车场线进入运营正线区间,列车到达站台,驾驶员按规定执行站台作业标准。列车继续运行至终点站,清客完毕后,折返至另一端站台,继续投入载客服务，如此循环，完成行车周期。

2. 列车正线运行交路

列车在区间运行时，根据行车及客流需要，行车交路可分为常规交路、混合交路、衔接交路。运行交路如图 4–11 所示。

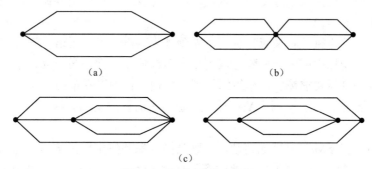

图 4–11　运行交路示意图
（a）常规交路（长交路）；（b）衔接交路（短交路）；（c）混合交路（长短交路）

1）常规交路

常规交路又称长交路，列车在线路的两个终点站间运行，到达线路终点站后折返，如图 4–11（a）所示。与采用特殊交路的方案相比，采用常规交路方案行车组织简单，乘客无须换乘，无须设置中间折返站。但如果线路各区段断面客流不均衡程度较大，会产生部分区段列车运能的浪费。因此如果能够采用混合交路组织行车，则可以省运能。

2）混合交路

混合交路又称长短交路，长短交路列车在线路的部分区段共线运行，长交路列车到达线路终点站后折返、短交路列车在指定的中间站单向折返，如图 4–11（c）所示。与采用常规交路方案相比，采用混合交路方案可提高长交路列车满载率、加快短交路列车周转率，但部分乘坐长交路列车乘客的候车时间增加，需要设置中间折返站。

3）衔接交路

衔接交路又称短交路，是若干短交路的衔接组合，列车只在线路的某一区段内运行，在指定的中间站折返，如图 4–11（b）所示。与采用常规交路方案相比，采用衔接交路方案可提高断面客流较小区段的列车满载率，但跨区段出行的乘客需要换乘，需要设置中间折返站，与采用混合交路方案相比，短交路列车在中间折返站是双向折返，增加了折返作业的复杂性。

在了解了驾驶员日常值乘方式以及列车正线运行交路之后，下面详细介绍列车在正线区间运行的注意事项、列车折返以及站台停车的驾驶员作业程序。

3. 列车区间运行的注意事项

（1）无论列车以何种交路运行，驾驶员应严格遵守《行车组织规则》中相关规定操作列车，根据《运营时刻表》掌握各站停、发车时间和折返时间。

（2）列车在 ATO 模式下，驾驶员工作状态应保持：不间断瞭望，坐姿端正，左手置于鸣笛按钮处，右手置于主控手柄（不按压警惕按钮）。

（3）列车运行中坚持"动车集中看，瞭望不间断"，掌握"远看信号，近看道岔"的原则，确认前方进路安全。

（4）驾驶员在驾驶列车时，认真留意显示屏和各种指示灯、按钮、压力表的状态，在运行中通过眼观、耳听、鼻闻，时刻留意运行状态，发现异常时，及时采取措施并报行车调度员，按其指示执行。

（5）驾驶员应严格按照《行车组织规则》的规定及行车调度员的命令，控制好列车运行速度，严禁超速。

（6）驾驶员应严格执行呼唤应答制度，做到呼唤时机恰当，用语准确、响亮。

（7）因列车本身原因或信号故障造成列车未对标停车，驾驶员应立即手动对标停车；当列车越出站台时，具体要求按《行车组织规则》办理，杜绝错开车门。

（8）在正常情况下，列车采用 ATO 模式驾驶，在需要改变驾驶模式前，必须得到行车调度员的授权。

（9）若采用人工 SM/PM 模式驾驶，驾驶员必须保持按压警惕按钮，确保实际速度低于推荐速度 5 km/h 运行。列车进站时，要注意严格控制速度，制动时采取早拉少拉的原则，避免列车产生空转或滑行。

（10）列车在区间运行，驾驶员应注意监听列车自动广播内容。如果广播报站内容与实际不相符或者没有报站内容，驾驶员应立即手动介入，进行人工广播报站，避免乘客下错车。在对列车车厢进行人工广播时，应首先使用普通话，广播过程中应保持语调平稳，语速适中，音量适宜和吐字清晰。

（11）列车发生故障时，驾驶员尽可能维持列车进站处理。需要进行故障处理时，驾驶员应严格按照车辆、信号《故障处理指南》上的要求处理故障。如需离开驾驶室，必须征得行车调度员的批准。如因列车故障或其他紧急情况，临时停车时间过长，驾驶员应预选相应的应急广播内容进行自动播放，避免没有广播安抚乘客，导致投诉事件。

（12）在行车过程中，行车调度员发布（或经车站人员传达）的行车指示或命令，驾驶员必须严格复诵，命令不清，不准动车，严禁臆测行车。严格执行联控安全措施，确保列车安全准点运行。

4. 列车运行对标（位）不准的处理

（1）列车进站停车，当未到停车标停车时，驾驶员确认运行前方无异常后，迅速以 RM 模式动车对位。

（2）当列车越过停车标 3 个车门以下时，对于 A 型车西门子信号系统，驾驶员需先切除 ATP，然后后退对位。此时，驾驶员应启动应急广播安抚乘客，并在该站开出前恢复 ATP，随后报告行车调度员。

（3）当列车超越停车标 3 个车门及以上时，驾驶员按行车调度员的指示执行，如列车开门继续运行到前方站时，驾驶员做好广播通知乘客。

（4）需要说明的是，B 型车的信号系统与 A 型车的信号系统不同，在列车越过停车标时，驾驶员直接按行车调度员指令转 RM 模式后退对标即可，不需要在列车后退时切除 ATP。

（5）尾班车或列车在终点站进站停车越过停车标时，需由行车调度员组织列车后退，开门下客。

4.2.2 列车折返

列车有两种折返方式：利用原轨折返或利用折返轨实现自动折返。一般来说，列车正线运行很少采用原轨折返，除非是在列车出、入车场的行车有调整或者应急情况下使用，绝大多数时候采用折返轨实现折返。列车利用折返轨折返时，根据折返地点不同，可分为站前折返与站后折返。

1. 利用折返轨折返方式

1) 站前折返

站前折返是指上行或下行列车在进入折返站前，通过渡线进入下行或上行站台，完成折返作业，直接投入运营服务，如图 4-12 所示。

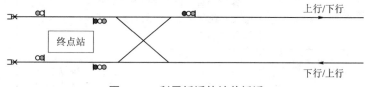

图 4-12 利用折返轨站前折返

2) 站后折返

站后折返是指列车到达折返站后清客，通过站后的折返线折返至另一站台，从而投入服务的方式，如图 4-13 所示。

图 4-13 利用折返轨站后折返

4.2.3 广播报站

（1）列车在始发站发车前，驾驶员应根据运行交路设置好列车报站器，如是手动播报，应在列车起动后，及时进行报站操作，并做好监听。

（2）采用自动报站器报站时，驾驶员应加强监听，并注意显示屏上的站名显示，当发现报站错误时，应及时采用人工广播更正。

（3）当列车报站器发生故障无法使用时，驾驶员应及时通过人工广播进行报站，人工报站应使用普通话，做到声音清晰、语气平和、用语规范，并向行车调度员汇报。

（4）当遇到列车故障、清客、跳停等特殊情况或其他信息发布时，驾驶员应选取应急广播词及时向乘客进行说明，没有设置应急广播词的列车，应采用人工广播。

（5）高峰回库的列车，当列车到达终点站时，驾驶员应进行人工广播清客，防止将乘客带回库。

（6）驾驶员驾驶列车时，应将 DDU（司机显示单元）界面置于操作界面，并做好报站监听。如遇特殊原因，可将 DDU 界面置于信息界面。

（7）驾驶员应在每站发出后，确认第一遍客室广播无误后，呼唤"××站"。

（8）人工广播标准用语如表 4—12 所示。

表 4—12　人工广播标准用语

序号	项目	时机	广播内容	频次	备注
1	开车	列车始发站开车后	各位乘客，欢迎乘坐××地铁，本次列车由××站开往××站，下一站××站	一次	
		开车后	下一站××站	一次	
		终点站前一站开车后	各位乘客，下一站是本次列车的终点站××站，请所有乘客带好行李物品下车，多谢合作	一次	
2	站内临时停车	接到行调通知临时停车	各位乘客，现在是临时停车，不便之处，敬请原谅	每隔 2 分钟播放一次，不超过 30 秒时只播放一次	1. 临时停车时打开车门，得到开车通知时再关门。 2. 列车"临时停车"语音广播进行中，列车能动车时，驾驶员可中断该广播
		临时故障需要驾驶员处理时，应用广播安抚乘客			
3	区间临时停车	客车在区间临时故障停车		每隔 30 秒播放一次	
4	临时停车后再启动	司机动车前	各位乘客，列车即将启动，请大家站稳扶好，多谢合作	一次	
5	越站运行	接近通过车站站名标处	各位乘客，由于运营原因，本次列车将不停××站，需在该站下车的乘客请在下一站下车，不便之处，敬请原谅	两次	如车站发生火灾，也采用此广播
6	两端疏散	车站协助人员到达后，需要疏散时	各位乘客，由于设备故障，本列车需要在两端紧急疏散乘客，请依照指示进入驾驶室并打开疏散门，根据工作人员的指引步行前往最近的车站，多谢合作	循环播放	
7	后端疏散	车站协助人员到达后，需要疏散时	各位乘客，由于设备故障，本列车需要在列车尾部紧急疏散乘客，请依照指示进入驾驶室并打开疏散门，根据工作人员的指引步行前往最近的车站，多谢合作	循环播放	

序号	项目	时机	广播内容	频次	备注
8	前端疏散	车站协助人员到达后，需要疏散时	各位乘客，由于设备系统故障，本列车需要在列车头部紧急疏散乘客，请各位向列车前进的方向走，乘务员会协助各位离开列车，多谢合作	循环播放	
9	列车发生火灾时	列车发生火灾报警时	各位乘客，由于列车发生起火，请您远离火源，不要惊慌，列车即将进站。在每节车的中部座椅下有灭火器，如能确保安全，您可以按指引正常操作灭火	多次	
10	乘客拉紧急开门装置	列车紧急停车时	各位乘客，有车门被非正常打开，请远离该车门，多谢合作	多次	
11	乘客报警	列车快进站时	报警的乘客请注意，我是本列车司机，列车即将进站，如需帮助，请找车站工作人员	两次	立即报告行调，由行调决定是否开客室门（不在停车窗内，不能开客室门）
		列车在车站停车或长区间内行车时（如刚开车又马上停车）	报警的乘客请注意，我是本列车司机，如需帮助，请靠近对讲器通话	两次	
12	列车没有停在停车窗内	列车无法对（标）位停车，需乘客从屏蔽门的紧急门下车时	各位乘客，由于列车故障，车门开启后请向外推屏蔽门的绿色解锁横杆下车，多谢合作	两次	由行调决定
13	预告退出服务	接近需要清客站站名标处	各位乘客，本次列车因严重故障即将退出服务，请所有乘客到下一站下车，并耐心等候下一班列车，不便之处，敬请原谅	两次	
14	在站清客退出服务	列车到站停稳打开车门后	各位乘客，本次列车由于严重故障，将在本站退出服务，请所有乘客下车，不便之处，敬请原谅	多次	
15	重新激活列车	重新激活列车前	各位乘客请注意，列车由于技术原因需短暂关闭照明，不便之处，敬请原谅	两次	

项目 **4**

标准化出乘作业

任务实施

序号	实施步骤	操作内容	执 行 标 准
1	出站作业	出站前确认	对车门、推荐速度、信号机、道岔进行确认。手指、口呼："全列车门锁闭灯亮，推荐速度有，绿/黄灯好，道岔好"（出站前无道岔时不呼唤）
		鸣笛后起车	起车时控制好牵引，做到平稳启动列车，防止出现空转
2	正线驾驶	保持车速	正线速度不能过高，限速以 ATP 限制速度及行车标志为准。 正线速度不能过低，防止列车晚点
		区间遇信号机、道岔需手指、口呼	"绿/黄灯好"、"道岔好"
		进站前遇站名标，需口呼	"××站到，进站注意"（人工驾驶时，口呼："××站到，对标停车，控制速度。"）
3	进站作业	进站前减速	进站前应根据指示速度，适当减速，严禁采用接近停车标，全常用制动或快速制动方式停车，以保证停车平稳
		对标停车	驾驶员手动对标停车
4	站台开关门作业	确认开门允许信号	眼看、手指、口呼："开左/右门"
		开车门	打开客室车门及驾驶室侧门
		确认司机显示屏车门开启图标	眼看、手指、口呼："左/右侧所有车门开启"
		站台立岗	驾驶员跨出驾驶室，面向站台方向立岗
		确认车门、屏蔽门开启情况	眼看、手指、口呼："屏蔽门、车门开启"
		等待乘客上下车	
		关车门	根据乘客上下情况，掌握好关门时机，按压关门按钮，关闭所有该侧车门，尽量做到一次关门成功
		确认屏蔽门关好	确认屏蔽门上方的指示灯灭，PSL（就地控制盘）盘屏蔽门全部关闭指示灯绿灯亮，手指、口呼："屏蔽门关好"

序号	实施步骤	操作内容	执 行 标 准
4	站台开关门作业	确认车门关好	车门屏蔽门之间没有夹人夹物，确认站台侧的关门指示灯亮，手指、口呼："车门关好"
		确认无夹人夹物	进入驾驶室前，再次确认车门与屏蔽门之间无夹人夹物，手指、口呼："空隙安全"
		确认站台无异常	观察站台 CCTV，确认无异常后，手指、口呼："站台安全"
		返回驾驶室	进入驾驶室，关闭驾驶室侧门
5	运行至折返站	重复以上操作至折返站，开门上下乘客	
6	折返站清客	人工广播清客	"终点站到了，请全体乘客带齐行李物品下车，多谢合作。"
		接班驾驶员上车	
7	驶入折返线	出站确认	确认前方道岔防护信号开放，道岔开通位置正确，手指、口呼："黄/绿灯好，道岔好"
		折返线行驶	根据列车限速要求驾驶，严禁超速行驶
		停车对标	列车在规定地点（折返停车标）处停车，确认列车无压岔和占标
8	交接班	关闭主控钥匙	交班驾驶员关闭主控钥匙并取出
		交接主控钥匙	将主控钥匙交给接班驾驶员
		交接列车	交接内容：车次、行调命令、故障（用语："××次，车况良好，运行正常。"）接班驾驶员复诵："××次，车况良好，运行正常。"
		交班驾驶员下车准备	交班驾驶员锁闭驾驶室门及客室通道门，关上车窗，雨雪天气时关闭雨刮器，然后方能离开驾驶室。并确认通道门关闭良好
		交班驾驶员下车	接班驾驶员下车时，原则上必须从客室下车，不得从驾驶室侧门下车

项目 **4** 标准化出乘作业

续表

序号	实施步骤	操作内容	执 行 标 准
9	驶出折返线	换端	接班驾驶员换端，开主控钥匙前必须确认另一端驾驶台主控钥匙关闭，方可激活本端驾驶室
		等待交班驾驶员"好了"信号	交班驾驶员下车后打"好了"信号，接班驾驶员手指、口呼："好了信号有"
		确认信号、道岔	手指、口呼："黄/绿灯好、道岔好、推荐速度有"
		折返线行驶	根据列车限速要求驾驶，严禁超速行驶
10	运行至终点站	接班驾驶员按照正线作业标准运行至终点站	

项目反思

1. 你在驾驶练习的过程中是怎样保证运行平稳，对标准确的？写下你的心得体会。

2. 在乘坐城市轨道列车的过程中，观察驾驶员的站间运行操作，看他们是怎样保证列车平稳运行的？

3. 在乘坐城市轨道列车的过程中，观察驾驶员的进出站操作，分析他们的动作标准吗？他们是否进行了必要的手指口呼？

项目 5

项目描述

　　列车运行过程中会遇到很多突发情况，有些是因为车辆设备的老化、维保不到位导致的列车故障，有些是由于行车设备异常、指挥失误或外界干扰引发的行车事件或事故。本项目要求学生在故障或事故情况下，快速地、正确地处理，保证运营的顺利完成。

学习目标

1. 了解列车设备柜的功能及基本操作。
2. 掌握列车常见故障判断及处理方法。
3. 掌握突发事件的应急处理方法。
4. 培养良好的心理素质和应急反应能力

任务 5.1　列车故障处理

任务布置

任务名称	列车故障处理
任务要求	熟练掌握列车常见故障的判断及处理方法，完成随机列车故障的处理。
任务准备	1. 场地：列车模拟驾驶实训室 2. 资料：当地城市轨道运营企业车辆常见故障处理办法
引导问题	1. 驾驶室设备柜中都有哪些器件？ 2. 你在乘坐城市轨道列车时遇到过列车故障吗？驾驶员是怎样处理的？

5.1.1 驾驶室设备柜主要操作设备

与驾驶员操作有关的开关、按钮、显示仪表等主要集中安装在电气设备柜的控制面板上，这些开关、按钮、仪表包括列车总控开关、蓄电池电压表、信号选择开关、空气制动旁路开关、停放制动旁路开关、气压不足旁路开关、车门旁路开关、紧急牵引开关等。同时，根据车辆设计与技术运用的不同，不同车型的控制面板还设计安装有诸如 MVB（多功能车辆总线）复位按钮、VOBC（车载控制器）复位按钮、安全回路旁路开关、开关门模式切换开关、门零速旁路开关等控制组件，如图 5–1～图 5–4 所示。

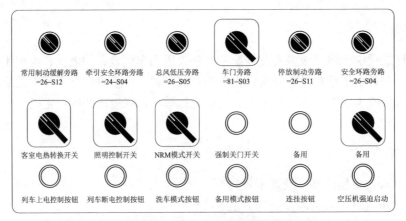

图 5–1　哈尔滨地铁电气设备柜控制面板组件布置

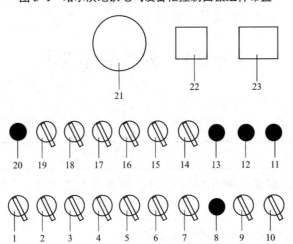

图 5–2　广州地铁 A3 型车电气设备柜控制面板组件布置

1—ATP 开关；2—逃生门旁路开关；3—门关好旁路开关；4—门零速旁路开关；5—车钩监控旁路开关；6—列车激活开关；
7—拖动模式开关；8—非激活供电按钮；9—升弓允许开关 10—无库用供电旁路开关；11—VCU（车辆控制单元）故障指示灯；
12—充电机启动按钮；13—MVB 复位按钮；14—线电流限制开关；15—紧急牵引开关；16—列车牵引方向强制向前旁路开关；
17—警惕按钮旁路开关；18—停放制动缓解旁路开关；19—所有制动缓解旁路开关；20—本车辅逆按钮；
21—蓄电池电压表；22—小时计；23—里程计

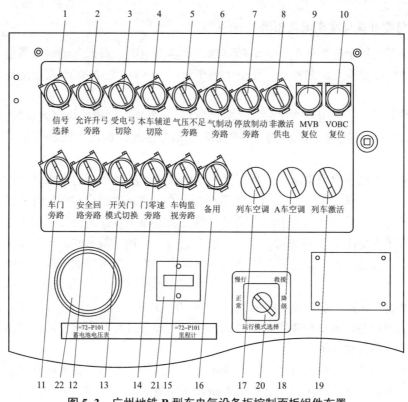

图 5-3 广州地铁 B 型车电气设备柜控制面板组件布置

1—信号选择开关；2—允许升弓旁路开关；3—受电弓切除开关；4—本车辅逆切除；5—气压不足旁路开关；

6—空气制动旁路开关；7—停放制动旁路开关；8—非激活供电开关；9—MVB 复位按钮；10—VOBC 复位按钮；

11—车门旁路开关；12—安全回路旁路开关；13—开关门模式切除开关；14—门零速旁路开关；15—车钩监视旁路开关；

16—备用开关；17—列车空调开关；18—A 车空调开关；19，20—运行模式选择开关；21—里程计；22—蓄电池电压表

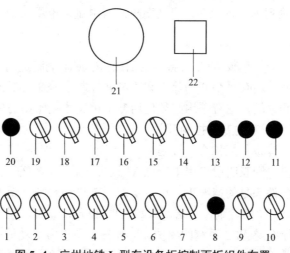

图 5-4 广州地铁 L 型车设备柜控制面板组件布置

1—新风和排风阀关闭开关；2—门模式开关；3—牵引单元切除按钮；4—SIV（辅助逆变器）复位按钮；5-6—ATP 切除开关；

7—蓄电池控制开关；8—蓄电池欠压强投开关；9—洗车开关；10—空气制动封锁切除开关；11—列车完整性切除开关；

12—回送开关；13—停放制动切除开关；14—制动环切除开关；15—门环切除开关；16—驾驶室侧门切除开关；

17—警惕按钮切除开关；18—紧急模式开关；19—总风低压 2 切除开关；20—总风低压 1 切除开关；

21—空压机控制开关；22—电压表

1. 列车总控开关与蓄电池电压表

列车总控开关用于控制列车 110 V 的常规直流输出电路。根据车辆制造商的不同，列车总控开关除"列车总控"的名称外，还有"列车激活""蓄电池投入""蓄电池控制"等命名形式。

列车总控开关一般采用具有"分"、"0"、"合"三个操作位置的自复式旋转开关。"合"位为激活电路的操作位置，"0"位为开关起始及自动复位的位置，"分"位为断开电路的操作位置。

在列车未升弓或升靴受电前，若列车蓄电池电量可以满足激活的需求（一般设计不低于 85 V），将总控开关旋至"合"位，可以接通列车 110 V 常规输出电路（松开开关后，开关自动回复至"0"位），并由列车蓄电池为输出电路提供电源（若开关设计有指示灯，则此时指示灯点亮）。列车激活后，驾驶员可以激活驾驶台进行升弓或升靴操作。当列车受电装置升起并受电后，车载直流 110 V 输出设备将替代蓄电池为 110 V 电路提供电源，同时对蓄电池进行充电。

列车激活后，在任一端驾驶室将总控开关由"0"位旋至"分"位，可以即时断开列车直流 110 V 的输出电路，列车设备停止运转或作用。驾驶员进行此项操作前，应按相关作业程序要求，关闭所有负载设备。

列车总控开关也有采用具有"断开—接通"两个操作位置的普通旋转开关。相比自复式开关，采用普通旋转开关设计的，则必须遵循在哪端激活，就在哪端关闭的操作要求，这在操作上给驾驶员带来一定的不便。

蓄电池电压表用于指示蓄电池的电压。通过电压表，驾驶员可以查看当前蓄电池的实际压降值。在直流 110 V 输出设备正常的情况下，电压表指针指在 115～116 V。

根据车辆电路设计不同，有些车型的蓄电池电压表仅在列车激活后，方有指示；有些车型（如 B 型车）则无论列车是否激活，只要蓄电池有电量，电压表均有指示。

2. 信号选择开关

信号选择开关用来选择车载 ATC 设备是否启用。根据车辆制造商的不同，信号选择开关除"信号选择"名称外，还有"ATP 切除"和"ATP 控制"等命名形式。另外，信号选择开关有采用普通旋转型开关的，也有采用必须使用专用钥匙才能操作的旋转开关，如西门子准移动闭塞 ATC 车载设备配套的专用控制开关。

信号选择开关有"有效（或称合、接通）"和"无效（或称分、切除）"两个作用位置。当开关置于"有效"位，则表明已启用车载 ATC 设备，此时，列车运行受车载 ATC 设备监控和保护，并在相关条件满足的情况下，可以实现列车自动驾驶、无人驾驶折返等自动操作功能；当开关旋至"分"位时，则停止启用车载 ATC 设备，此时，列车驾驶模式已转换为非限制性模式，列车运行不受 ATC 系统的保护，运行安全完全由驾驶员控制。由于存在运行风险，因此，驾驶员进行"切除"操作前，必须得到行调的同意，并按要求限速运行。

另外，西门子车载 ATC 设备的信号选择开关还具有与 ATC 设备的保护开关即小型断路器配合使用，对车载 ATC 设备进行重启的作用。在车载 ATC 设备故障的情况下，将信号选择开关置于"切除"位，同时将 ATC 设备的保护开关接通，然后，隔一定时间（一般要求 30 s），再将开关恢复，可以对车载 ATC 设备进行重启复位。

3. 空气制动旁路开关

空气制动旁路开关用于旁路空气制动缓解信号，在列车空气制动缓解监测电路发生故障时使用。

空气制动旁路开关具有"分"和"合"两个操作位置，其中，"合"位为旁路功能启用的位置。

列车空气制动缓解监测电路发生故障时，如启动列车，会触发列车产生启动封锁，而启用空气制动缓解旁路功能，则可以解除由此引发的启动封锁。

空气制动缓解旁路功能启动后，由于列车牵引控制单元不再对列车空气制动状态进行监控与保护，如在牵引运行过程中，出现部分车辆空气制动未缓解，而驾驶员又未能及时发现时，将会造成转向架轮对车轮带制动转动或滑行，轻微的将造成闸瓦或刹车片异常磨耗，严重的则造成转向架轮对车轮踏面的擦伤。因此，驾驶员进行此项功能操作前，必须确认列车所有空气制动已经缓解，同时征得行车指挥人员（运营列车为行调，调试列车为调试负责人）的同意后，方可操作。另外，列车运行过程中，还必须加强对列车空气制动状态的监控，以保障列车运行安全。

在有些车型设计中，由于空气制动缓解信号同时受停放制动缓解继电器控制，因此，空气制动旁路开关又称"所有制动缓解旁路开关"。

4. 停放制动旁路开关

停放制动旁路开关用于旁路停放制动缓解信号，在到车停放制动缓解监测电路发生故障时使用。

停放制动旁路开关具有"分"和"合"两个操作位置，其中，"合"位为旁路功能启用的位置。

列车停放制动缓解监测电路发生故障时，如牵引列车，会触发列车产生牵引封锁，而启用停放制动缓解旁路功能，则可以解除由此引发的牵引封锁。

停放制动缓解旁路功能启动后，如不加注意，同样会造成诸如空气制动旁路功能启用的后果。因此，驾驶员进行此项功能操作前，必须确认列车所有停放制动已经缓解，同时征得行车指挥人员（运营列车为行调，调试列车为调试负责人）的同意后，方可操作。

5. 气压不足（总风低压）旁路开关

气压不足旁路开关用于旁路列车主风管低压信号，在列车主风管空气压力不足或空气压力监测电路发生故障时使用。

气压不足旁路开关具有"分"和"合"两个操作位置，其中，"合"位为旁路功能启用的位置。

根据车辆设计的不同，有些车型的主风管压力信号仅用于控制列车的牵引，即触发列车产生牵引封锁；有些车型除控制牵引外，还控制列车紧急制动环线，如 L 型车。

对于行驶中的列车，当列车主风管由于泄漏或供风单元故障，导致主风管空气压力下降至低于 6×10^5 Pa 时，会触发列车产生封锁（由于受零速电路控制作用，长客庞巴迪 A 型车的低压信号仅对列车启动时产生影响），当主风压力持续下降至 4.5×10^5 Pa 时，在设计有低压信号控制紧急制动环路的车型中，此低压信号会触发列车产生紧急制动。

当列车由于主风管低压信号或监测电路故障导致列车产生牵引封锁时，驾驶员操作旁路开关至"合"位（运营列车应征得行调的同意），可以解除由此触发的牵引封锁。然后，驾驶员应根据不同情况进行相应处理，如为监测电路故障，而风管风压正常时，可维持列车运行至终点站退出服务；如为供风单元故障导致无压力空气输出的情况，列车不能维持到终点站，应至就近存车线退出服务。

视车型设计有无，当列车由于主风管低压信号（4.5×10^5 Pa）或监测电路故障导致列车产生紧急制动时，驾驶员操作相应的低压旁路开关（不同于牵引保护的低压旁路开关）至"合"，可以缓解由此引发的紧急制动。此情况如为监测电路故障引起，而风压正常，列车可维持至终点站退出服务；如为供风设备故障或风管泄漏引起，列车可维持至就近存车线退出服务。

6. 紧急牵引开关

紧急牵引开关是列车管理与控制系统后备模式启用的控制开关，在列车参考值输出或网络通信及设备发生故障时使用。

紧急牵引开关具有"分（或称正常）""合（或称紧急）"两个操作位置，其中，"合"位为紧急牵引模式启用的位置。

在采用列车管理与控制系统的车型中，如列车参考值输出或网络通信及设备发生故障，启动列车时，会导致列车产生牵引封锁，而启用紧急牵引模式后，可以解除由此引发的牵引封锁。紧急牵引棋式启用后，列车最高行驶速度将被限制（庞巴迪 MITRAC 系统限速 25 km/h、三菱电机 TIMS 系统限速 20 km/h，西门子 SIBAS 32 控制系统限速 60 km/h）。

7. 车门旁路开关

车门旁路开关用于旁路列车车门关好信号，在列车车门关好监测电路发生故障时使用。不过，对于运用西门子 ATC 系统技术的车辆，车门旁路开关仅在 URM 模式（非限制人工驾驶模式）下使用（车载 ATP 保护下的模式，通过强行开门按钮实现旁路功能，参见强行开门按钮的内容。）

车门旁路开关具有"分"和"合"两个操作位置，其中，"合"位为旁路功能启用的位置。

对于运用西门子 ATC 系统技术的车辆，在 URM 模式，门关好监测电路发生故障，在牵引列车时，会触发列车产生牵引封锁。启用旁路功能后，则可解除由此引发的牵引封锁。

对于采用阿尔卡特 ATC 系统技术的车辆，无论何种模式，当门关好监测电路发生故障时，会触发列车产生紧急制动（行驶中）或启动封锁（停车后）。将车门旁路开关旋至"合"后，则本端驾驶可解除由此引发的启动封锁。

车门旁路功能启用后，由于系统不再对车门状态进行监测和保护，因此，对于运营列车，驾驶员在启用该旁路功能时，必须确认车门处于机械锁闭状态（塞拉门允许有小于 10 cm 的间隙），同时征得行调的授权。列车运行途中，驾驶员必须通过车辆显示屏随时留意车门的状态。

在长客庞巴迪生产的 A 型车中，由于疏散门锁闭监测电路信号纳入车门关好监测范围，因此，当疏散门锁闭监测电路发生故障时，会导致列车产生牵引封锁（URM 模式）或启动封锁时（ATP 保护模式），驾驶员需要通过操作车门旁路开关来解除封锁。

8. 疏散门旁路开关

疏散门旁路开关是设计有安全疏散门车型中专门设置安装的一个旁路开关，在疏散门锁闭监测电路故障时使用。

疏散门旁路开关有"分"和"合"两个操作位置，开关置于"合"一位，即启用疏散门旁路功能。

疏散门锁闭监测电路发生故障，如牵引列车时，会导致列车产生牵引封锁。启用疏散门旁路功能后，可以解除由此产生的牵引封锁。

疏散门旁路开关启用旁路功能后，由于牵引控制单元不再对疏散门状态进行监控与保护，因此，在启用此旁路功能前，驾驶员必须现场确认列车两端或相应故障端的疏散门机械锁闭，如属运营列车，驾驶员还需征得行调的授权。

9. 门零速旁路开关

门零速旁路开关用于旁路列车零速信号，在列车零速电路发生故障时使用。

门零速旁路开关具有"分"和"合"两个操作位置，其中，"合"位为旁路功能启用的位置。

列车零速电路发生故障时，将导致停车后，列车车门无法开启。启用旁路功能后，可以为车门控制单元提供零速信号，若此时开门允许与开门指令信号均送达，则车门控制单元执行开门操作。

为防止在列车行驶过程误开车门，驾驶员启用门零速旁路功能开、关车门后，动车前应将开关恢复至"分"位。

10. 开关门模式切换开关

开关门模式切换开关是采用西门子 SIBAS 32 控制系统的 B 型车中设计安装的一个转换开关，有"硬线"和"网络"两个作用位置。

当开关置于"硬线"位置时，列车车门控制单元接收并响应来自硬线的开、关控制信号；当开关旋至"网络"位时，车门控制单元则接收并响应来自网络设备 VCU 的开、关控制信号。

正常情况下，切换开关应保持在"硬线"位置，以采用硬线控制方式开、关车门。

11. 警惕按钮旁路开关

警惕按钮旁路开关用于旁路主控手柄上警惕按钮控制的节点电路，在警惕按钮失效时使用，有"分"和"合"两个作用位置。

根据车辆设计不同，有的车型的警惕按钮既直接控制列车的牵引指令线，又间接控制列车的紧急制动指令线；有的车型仅控制列车的紧急制动回路。

对于第一种车型，在警惕按钮失效的情况下，人工驾驶牵引列车时，会触发列车产生牵引封锁，列车不能启动；在人工驾驶模式下，列车在行驶中，按钮失效，会延迟触发列车产生紧急制动。此时，将操作警惕按钮旁路开关至"合"位，可解除由按钮失效触发的牵引封锁和紧急制动。

对于第二种车型，若人工驾驶模式出现警惕按钮失效，则直接触发列车产生紧急制动，且不能缓解。此时，启用警惕按钮旁路功能，则可缓解由此触发的紧急制动。

由于警惕按钮旁路功能启用后，在人工驾驶模式下，驾驶员无须再按压按钮，因此，在启用该旁路功能前，必须征得行调的授权。

12. 安全回路旁路开关

安全回路旁路开关是 B 型车上设计安装、主要用于旁路紧急制动信号的作用开关，有"分"和"合"两个作用位置，"合"位为旁路功能启用的位置。

安全回路旁路开关在以下几种情况下使用：

（1）紧急停车控制回路发生断路，导致列车产生紧急制动和紧急降弓。

（2）紧急制动命令控制故障，导致列车产生紧急制动不能缓解。

（3）警惕按钮失效，触发列车产生紧急制动。

对于第二种情形，驾驶员启用开关旁路功能后，还需切除车载 ATC 设备，转换至非限制性驾驶模式，才能缓解列车紧急制动。

13. 制动环切除开关

制动环切除开关又称制动环旁路开关，是 L 型车上设计安装的、用于旁路紧急制动环线的作用开关，有"正常"和"切除"两个作用位置。

列车紧急制动环线因后部车辆控制部分（主要是紧急停车按钮的控制电路）发生故障时，会触发列车产生紧急制动且不能缓解。此时，操作制动环切除开关至"切除"位时，可以缓解由此触发的紧急制动。此旁路功能启用后，后端紧急停车按钮控制失效。

14. 车钩监控旁路开关与列车完整性旁路开关

车钩监控旁路开关与列车完整性旁路开关均用于旁路列车车钩监测电路（信号），在不同车型的设计、支安和使用中，有"分"和"合"两个操作位置，其中"合"位为旁路功能启用的位置。

1）车钩监控旁路开关

车钩监控旁路开关是株洲电力机车厂生产的 A 型车与 B 型车上设计、安装的旁路开关。

在以上车型中，列车的车钩监测电路控制列车的激活电路。在列车未激活前，若车钩监测电路发生故障，则列车不能激活；若列车激活后，监测电路发生故障，则列车激活自动关闭（列车产生紧急制动和自动降弓），且无法重新激活。操作此旁路开关启用旁路功能，则可在相应端重新激活列车。

启用车钩监控旁路功能前，驾驶员必须确认车钩特别是半自动车钩的机械部分连接完好，不存在脱扣现象。对于运营列车，使用前必须征得行调的授权。

2）列车完整性旁路开关

列车完整性旁路开关又称列车完整性切除开关，是 L 型车上设计、安装的旁路开关。在该型车上，车钩监测电路信号用于控制列车的牵引指令线。车钩监测电路发生故障时，牵引列车会触发列车产生牵引封锁。操作该旁路开关至"合（切除）"位，可解除由此引发的牵引封锁。

同理，启用列车完整性旁路功能前，驾驶员必须确认车钩机械部分连接完好，不存在脱扣现象。对于运营列车，使用前必须征得行调的授权。

15. MVB 复位按钮

MVB 复位按钮是西门子 SIBAS 32 控制系统提供的一个人工辅助复位按钮（自复式按

钮），在车辆多功能总线出现通信故障时使用。

在车辆多功能总线通信出现故障或异常时（如牵引电机自动启动自检程序），按压 MVB 按钮且保持不少于 3 s，可以对车辆多功能总线连接的设备重新进行通信地址配置（需耗时 50 s 左右）。启动 MVB 复位后，驾驶员在驾驶室可以观察车辆显示屏关闭重启以及显示屏重新开启后，显示牵引电机自检的现象。如驾驶员按压 MVB 按钮前未断开高速断路器，则高速断路器会自动断开（正常情况复位，驾驶员应先分断高速断路器，再复位）。

16. VOBC 复位按钮

VOBC 复位按钮是阿尔卡特 ATC 系统车载设备提供的一个人工辅助复位按钮（自复式按钮），在车载 VOBC 出现故障或死机时使用。

当 VOBC 出现故障或死机等情况时，驾驶员待列车停车后，按压该按钮并保持 3 s 以上，可以对车载 VOBC 设备进行重启复位（此操作无须关闭驾驶台）。

17. 运行模式选择开关

运行模式选择开关是 B 型车上设计安装的一个控制开关（旋转开关），用于"正常"、"慢行"、"救援"和"降级"四个行驶模式的选择。

（1）"正常"位是正常驾驶列车时，选择开关应保持的位置。

（2）"慢行"位是慢行模式启用的选择位置，开关旋至慢行"位，则本端牵引列车时，列车将以慢行模式行驶（相关描述参考驾驶台运行模式开关的内容）。

（3）"救援"位是列车救援模式启用的选择位置。开关旋至"救援"位，则本端牵引列车时所产生的牵引力矩比正常牵引有所增大，同时列车最高行驶速度将被限制在 30 km/h。此模式功能在救援故障列车（牵引或推送）时使用。

（4）"降级"位是紧急牵引模式启用的选择位置。开关旋至"降级"位，则本端牵引列车时，列车以紧急牵引模式行驶（相关描述参考紧急牵引开关的内容）。

18. 升弓允许开关与受电弓切除开关

升弓允许开关用于控制受电弓的主控电路，在车辆人员对车顶和受电弓进行检修和维护时使用或受电弓故障、使用单弓运行时使用。

升弓允许开关有"分"和"合"两个作用位置，正常情况下，开关置于"分"位，在该位置，受电弓可以正常升降。开关置于"合"位，则切断本单元受电弓主控电路，受电弓不能升起（如已升起，则自行降落）。

受电弓切除开关与升弓允许开关功能基本一致，稍有区别是，受电弓切除开关是通过降弓控制电路切断受电弓的主控电路，使受电弓降落且不能再次升起。

19. 蓄电池充电机启动按钮

蓄电池充电机启动按钮是部分 A 型车设计安装的、在列车因蓄电池电量降低而无法正常激活时使用，带有黄色指示灯。

蓄电池电压欠压（低于 85 V），导致无法激活列车时，按压蓄电池充电机启动按钮，至按钮指示黄灯点亮，即可为列车激活电路提供应急电源，然后进行升弓受电，通过 110 V 直流输出设备为蓄电池充电。

20. 非激活供电按钮或开关

非激活供电按钮或开关在列车激活关闭，且无法重新激活时等应急情况下使用。使用时，按下按钮（A 型车）或将开关（B 型车）旋至"合"位，即可为列车紧急照明、紧急通风、广播和车门控制（根据车辆设计而定）等设备提供工作电源，以满足应急情况下的用电需要。

21. 牵引单元切除按钮

牵引单元切除按钮是 L 型车上设计安装的一个作用按钮，在 VVVF 控制单元故障时使用。

当单个或多个 VVVF 有故障时，启动列车时会使列车启动封锁，同时相应单元的高速断路器断开。驾驶员按下该按钮，可以使高速断路器强制闭合，并解除由此产生的牵引封锁。驾驶员按压该按钮后，动车前需要重新分、合一次主断路器。

22. SIV 复位按钮

SIV 复位按钮是为直流电机车辆上设计安装的、用于对辅助逆变器控制单元进行复位重启的作用按钮。

在 SIV 发生第一次严重故障时，驾驶员可在驾驶室按下此按钮，可对 SIV 进行复位重启。若复位、重启无效或 SIV 再次发生严重故障时，则需通过车底 SIV 箱的本地复位按钮进行复位。

23. 空压机控制开关

空压机控制开关是 L 型车上设计安装的、用于旁路空压机控制单元的作用开关，有"正常"和"强投"两个操作位置。

空压机控制开关在空压机控制单元故障，导致空压机停止运转供风时使用。使用时，将开关旋至"强投"位，即可为空压机输入工作电源，空压机启动运转。由于旁路控制不具备自动关断功能，因此，在空压机连续打风接近 9×10^5 Pa 时，驾驶员应及时将控制开关旋回"正常"位，防止主风管过压。

24. 事件记录仪

事件记录仪是庞巴迪 MITRAC Ⅱ S 系统提供的一个作用按钮（A2 型车），带红色指示灯，用于系统保存数据记录。

列车在正线运行发生故障时，驾驶员在处理故障后，应根据情况及时按压事件记录仪（按压至灯亮），以防止系统记录的数据溢出，确保系统储存器能存储故障前的环境数据和整个故障事件数据，便于检修人员查找和分析故障。

25. 里程计

里程计用于记录对应车辆所行驶的实际里程数，其记录数据在列车每行驶 1 000 m 时发生一次改动（有些车型则精确到 100 m）。

26. 工作小时计

工作小时计用于记录车辆所行驶的实际小时数，其记录数据在列车每行驶 1 h 时发生一次改动。

5.1.2 故障处理基本技巧

列车故障是影响列车正常运营秩序的主要原因之一，随着车辆设备的老化、维保不到位等诸多因素，列车在载客运营中发生因故障下线、清客、救援的现象不断发生，给正常的运营组织带来混乱。

为了减少列车故障发生的频率，除了按时作好维修保养以外，驾驶员要规范驾驶列车，合理使用各项功能，最重要的是掌握各类车型的故障排除技能，一旦发生列车故障能及时快速处理，恢复运营秩序。通常列车故障发生后，都有其一定的现象，驾驶员在故障发生时，要先可根据现象（指示灯、仪表、DDU 显示屏）来判断故障原因和部位，从而快速地、正确地处理。城市轨道交通车辆故障处理常用方法如下：

1. 恢复法

通过驾驶室显示屏或仪表、指示灯显示内容，确定故障发生部位并检查相关设备有无异常。如驾驶室设备柜内断路器断开、驾驶室设备柜内开关位置不正确、驾驶员操作不到位等，驾驶员可重复操作或者恢复其功能以达到排除故障的目的。

2. 切除法

城市轨道交通车辆故障发生会直接影响列车的安全性能，因此列车在电路设计中对重要功能安装了保护设备，该设备一旦发生故障，遵循"故障导向安全"原则，车辆控制系统会施加紧急制动状态、切断牵引、限速等手段来确保列车安全。驾驶员必须通过故障现象准确查找故障原因，通过切除故障设备不让其工作的方法来维持列车运行，以减少对运营的影响。如车门发生关闭不到位时，驾驶员可以采取切除该车门的方法继续载客运行；车载 ATP 故障时，可采用切除 ATP 的方法，采用 URM 模式驾驶。

3. 旁路法

城市轨道交通车辆故障时，也会影响列车驾驶功能，导致列车无法牵引，此时驾驶员必须按故障情况严格区分故障发生的成因，区分是否是网络控制发生的故障还是电路保护发生故障，在这种情况下，驾驶员可尝试使用旁路相关监控设备，维持列车运行。如监测列车空气制动是否缓解的压力传感器发生故障时，会导致全列车无法缓解、无牵引的现象，驾驶员必须先确定列车制动已真正缓解后再使用制动旁路方法排除故障；如主风管压力保护开关故障，将导致列车施加紧急制动无法缓解，可采取低压风缸旁路的方式，缓解列车紧急制动；如车辆车门故障，驾驶员无法采取切除法排除故障时，可以采取"车门旁路"的方式，驾驶列车退出运营。

4. 重启法

城市轨道交通列车基本采用计算机控制，网络控制，当控制信号或通讯信号发生误差时会造成信息显示紊乱，设备自检不成功，严重的会影响列车某些设备的正常使用（或死机），在这种情况下可采用重新启动列车或重新启动相关设备的方法，激活故障设备，恢复列车功能。如阿尔斯通 A 型电动列车车门死机后，可通过关闭再开启 EDCU 的方法重新激活车门控制；如车载 ATP 故障时，可采取重启的方式，重新自检，启动。列车信息系统死机后，可采取重取 MPU 的方式，恢复其功能。

✵ 5.1.3 途中故障应急处理

1. 城市轨道交通车辆在运营中出现故障情况下

此时行车组织由控制中心全权负责，车辆的故障判断和处理由驾驶员全面负责，行车调度员有责任提出辅助处理意见，但驾驶员离开驾驶室处理故障前须报告行调。驾驶员关好驾驶室门，并带车门钥匙及手持电台。

2. 城市轨道交通车辆在运营中出现故障

驾驶员原则上对故障的判断处理时间为 3 分钟（根据行车间隔确定），需救援，应立即向行车调度员提出救援申请。

3. 列车在运营过程中发生比较简单、轻微的故障时

驾驶员可通过观察操纵台仪表灯和显示屏 DDU（司机显示单元）、HMI（人机界面）等途径获取列车故障信息，司机显示屏 DDU 有供列车驾驶员和车辆维修人员独自使用的界面，在驾驶过程中采用操作界面，驾驶员在运行过程中应注意司机显示屏的显示，对显示的信息在第一时间作出分析和判断，以便采取恰当的措施和方法排除故障。所以要学会初级故障的判断就必须掌握司机显示屏的显示含义以及操作方法。

✵ 5.1.4 流程图在故障处理中的运用

1. 基本概念

在城市轨道交通运营中，车辆故障的出现是偶然的，但也是必然存在的问题。长期以来检修、乘务对发生故障前的问题分析，以及发生故障后的排查与处理，在生产中的长期积累和汇总，编制成了各种形式的故障分析和处置资料，包括电子档、文本，等等。运用流程图对故障处理加以描述，由于流程图本身具有的明晰性和简洁性，这样会提高驾驶员学习故障处理的兴趣，也会更加直接和有效的表达故障处理步骤之间的关系和逻辑。

2. 定义

流程图是指由一些图框和流程线组成的框图，其中包括输入端口，输出端口，判断条件，执行过程及属性等，用图形来表示算法思路给人一种一目了然，且条理非常清晰的感觉。

1）流程图是流经一个系统的信息流、观点流或过程流的图形代表

在企业中，流程图主要用来说明某一方案的某一过程。这种过程既可以是生产线上的操作流程，也可以是完成一项任务必需的管理过程。

2）流程图是揭示和掌握封闭系统运动状况的有效方式

作为诊断工具，它能够辅助决策的制定，让管理者清楚地知道，问题可能出在什么地方，从而确定出可供选择的行动方案。

3. 图形的含义

（1）圆角矩形表示"开始"与"结束"。

（2）矩形表示行动方案、普通工作环节用。

（3）菱形表示问题判断或判定（审核/审批/评审）环节。

（4）用平行四边形表示输入输出。

（5）箭头代表工作流方向。

4. 故障处理流程

故障处理流程如图 5-5～图 5-8 所示。

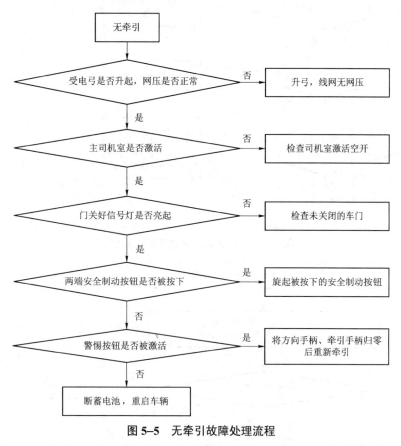

图 5-5　无牵引故障处理流程

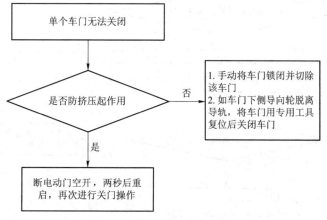

图 5-6　单个车门无法关闭故障处理流程

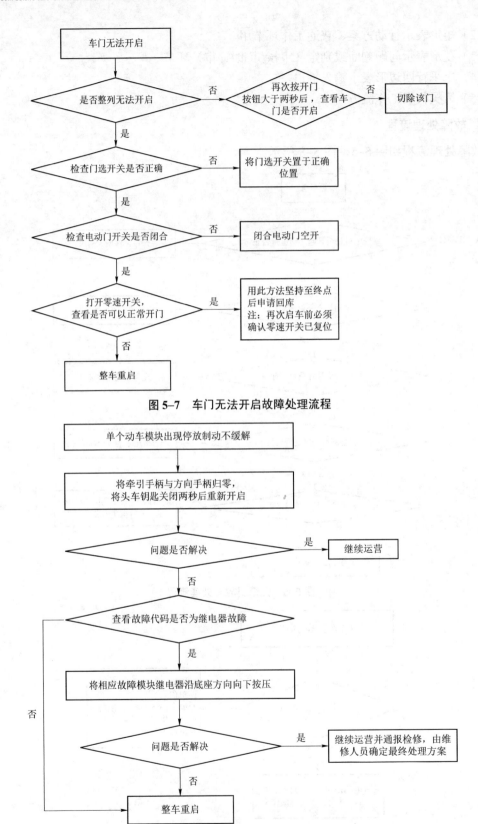

图 5-7　车门无法开启故障处理流程

图 5-8　单个动车模块停放制动不缓解故障处理流程

序号	故障类型	检查项目及步骤	故 障 处 理
1	无牵引	检查受电弓是否升弓	检查司机显示屏上是否显示受电弓升弓图标，若受电弓未升起则升弓
		检查网压是否正常	检查司机显示屏上网压显示是否在正常范围，若无网压或网压过低，报告行车调度，等待行调命令
		检查主驾驶室是否激活	检查 ATC 显示屏上是否有主驾驶室激活图标，若主驾驶室未激活，重新激活驾驶室
		检查车门是否关好	检查门关好指示灯及司机显示屏上的车门图标。若车门未关好处理相应车门
		检查安全制动按钮（紧急制动按钮）是否被按下	若是，则恢复安全制动按钮（紧急制动按钮）
		警惕按钮是否被激活	检查ATC屏上是否显示警惕按钮激活图标。将方向手柄与主控手柄归零后重新牵引
		重启列车	以上检查均无法排除故障时，断蓄电池，重启列车
2	单个车门无法关闭	检查该车门是否防挤压发生作用	断开车门空开，2 秒后重启，重新关门
		检查车门下侧导向轮是脱离导轨	利用专用工具复位后关门
		车门切除	手动将该车门锁闭，并切除该车门
3	单个车门无法开启	再次按开门按钮	再次按下开门按钮超过 2 秒
		车门切除	切除该门后继续运营
4	整列车门无法开启	检查门选开关是否正确	将门选开关置于正确位置
		检查车门控制空开是否断开	闭合车门控制空开
		打开零速开关	打开零速开关，看是否能够开门，若可以开门，用此方法坚持至终点后，申请回库，注意：起车前要将零速开关复位，
		重启列车	以上检查均无法排除故障时，断蓄电池，重启列车

项目 5 处理列车突发情况

165

序号	故障类型	检查项目及步骤	故 障 处 理
5	列车停放制动缓解灯不亮	按试灯按钮	按下试灯按钮，检查停放制动缓解灯是否亮，若不亮则继续运行并报告行车调度
		确认损坏的制动单元	在司机显示屏的制动系统界面，确认哪个制动单元存在故障
		检查损坏制动单元的控制空开	复位跳闸的空气开关，若复位成功，则继续运营并报告行调
		停放制动旁路	若复位不成功或无跳闸的空开，打开停放制动旁路开关运行至下一站站台，汇报行调，清客退出服务

任务 5.2　突发事件应急处理

任务布置

任务名称	突发事件应急处理
任务要求	熟练掌握列车突发事件应急处理方法,完成随机行车事件或事故的应急处理
任务准备	1. 场地：列车模拟驾驶实训室。 2. 资料：当地城市轨道运营企业行车组织规程
引导问题	1. 你在新闻中看到过哪些行车事故？驾驶员是怎样处理的？ 2. 你觉得行车事故或事件发生时，驾驶员能够做些什么

知识准备

 ## 5.2.1　突发事件的应急处理原则

为了预防和减少突发事件的发生，控制、减轻和消除突发事件引起的严重社会危害，规范突发事件应对活动，保护人民生命财产安全，维护国家安全、公共安全、环境安全和社会秩序，中国专门制定了《中华人民共和国突发事件应对法》。

1. 总体原则

各相关单位处理突发事件时，须树立"安全第一"的思想，遵循预防为主、常备不懈的方针，抢险组织工作须贯彻"高度集中，统一指挥，逐级负责，先通后复"的原则，确保抢险救援工作反应及时、措施果断、有序、可控、快速、及时，减少事故影响，尽快恢复生产。

当发生突发事件后，应急指挥和应急处置系统按要求自然成立，在现场总指挥到达现场前，若事故发生在区间，由驾驶员负责；根据需要，行调可安排事故区间临近车站的值班站长(或站长)到达事故现场后，由该值班站长(或站长)负责。若事故发生在车站或车厂，由值班站长(或站长)、车厂调度员负责。现场总指挥到达后由现场总指挥接管，并组织开展工作。

2. 抢险组织的原则

（1）现场有乘客时，应采取各种措施，稳定乘客情绪、维持秩序，尽力保证乘客安全。

（2）及时判明现场情况，及时报告。

（3）控制事态、减少影响，积极动员和组织一切力量进行抢险。

✿ 5.2.2 突发事件的应急处理方法

1. 挤岔

挤岔指列车通过道岔时，由于道岔位置不正确，尖轨未能与基本轨密贴，车轮碾压时，将尖轨与基本轨挤开的过程。

挤岔发生的原因主要是由于道岔开通的位置不正确，或道岔正在转动时列车行驶压过道岔造成。按照列车运行方向来看，有顺向挤岔和对向挤岔两种。

对向、顺向是以列车运行方向与道岔的关系来定义的：当运行方向与道岔尖轨相对时，称为对向；当运行方向与道岔尖轨顺向时，称为顺向。

1）顺向挤岔

顺向挤岔的示例如图5-9所示。道岔开通直股时，列车依图示方向沿侧股运行时，必然会发生顺向挤岔的事件，轻则挤坏道岔，擦伤轮对，重则使列车爬上钢轨，发生掉道、倾覆等严重事故。

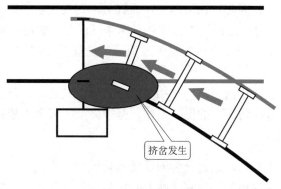

图5-9　顺向岔道

2）对向挤岔

对向挤岔的发生情况则较为复杂，一般是由于道岔正在转动时，列车冒进信号压过道岔造成，轻则损坏线路设备，车体受损，重则发生列车掉道、倾覆、车体破损等严重后果。具体过程如图 5-10 和图 5-11 所示。

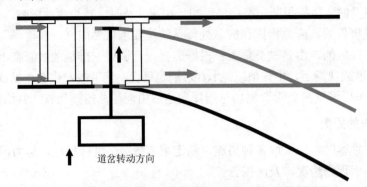

图 5-10 道岔正在转动时，列车第一个车轮已通过并沿直股运行

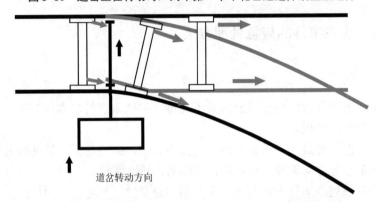

图 5-11 道岔开通侧股，列车第二个车轮之后的部分沿侧股运行

挤岔多发生在车厂调车或正线终点站折返作业的过程中，由设备的不安全状态（车辆不具备轨旁信号保护）和人的不安全行为（设备操作人员未准备好进路，驾驶员动车前未确认行车条件具备）共同作用导致。

驾驶员作为行车工作的具体执行者，同时也是行车安全的最后一道防线，对事故、事件的预防有着决定性的作用。因此，在动车前，驾驶员一定要注意确认好信号是否开放，道岔位置是否正确等要素，同时在运行途中也要认真确认好进路上的每一副道岔（RM.URM 模式驾驶时，此点尤为重要），当列车在运行途中发现道岔位置不对时，应马上按压紧急停车按钮停车。

若列车越过道岔，发生挤岔事件，在相关工作人员未到达时，驾驶员严禁动车，将情况如实报告行调，同时做好现场情况的保护工作，坚守岗位，直至事故处理主任到达。

2. 接触网（轨）断电

城市轨道列车以电为动力，通过接触网或接触轨受电。当受外部供电系统影响或轨道交通自身设备故障导致全线或局部接触网（轨）断电后，将会导致受影响区域内列车无动力，无法运行，同时列车仅能依靠蓄电池提供紧急照明和通风，影响为乘客服务。

驾驶员发现列车失去动力、无网压后，应尽量维持列车进站或在站（部分或全部车厢在站台区域）处理，报行调并听其指挥。当行调决定列车停运，疏散乘客时，驾驶员和车站人员联系，打开站台位置的车门及屏蔽门（安全门），引导乘客有序下车。

若列车被迫在区间（没有车厢在站台区域）停车时，驾驶员播放广播安抚乘客，并报告行调：

（1）当行调通知待令时，驾驶员应注意播放广播安抚乘客，按要求做好停电防护。如广州地铁要求降下受电弓或集电靴，并留意蓄电池电量，当低于要求值时，及时报告行调，严防蓄电池过度放电而无法恢复。

（2）当行调决定列车停运、疏散列车上乘客时，驾驶员按照疏散规定执行。如广州地铁要求驾驶员等待车站疏散人员到达后，再协助组织疏散乘客。共同确认车厢内乘客疏散完后，关客室灯，并恢复车门，在确认车门锁好和列车状态后，报行调降弓（收靴），在两端驾驶室副台设红闪灯防护，关闭蓄电池，留守在前方驾驶室。

（3）接到行调恢复运营的命令后，恢复或确认列车状态正常，恢复运营。

3. 列车进入无电区

区别于上述的接触网（轨）断电，此处的无电区包括两种情况：一种是因施工或维修需要，对部分线路区域进行有计划的停电；另一种是在采用接触轨受电的线路，在道岔区域渡线位置无法实现接触轨的无缝连接，形成无电区。

列车进入无电区的现象与接触网（轨）断电的现象一致。

（1）第一种情况下，为确保行车、施工安全，行车指挥人员会根据施工影响区域采取一定的防范措施，如信号封锁、道岔锁定在临线位置等，防止错误安排列车进路进入该区域。如果因工作疏漏导致列车误进无电区的话，轻者造成车辆设备损坏，重者会导致人员的伤亡。驾驶员作为行车安全的最后一道防线，作业前要做好预想，作业中一定要加强线路的瞭望，发现异常及时停车，与行车指挥人员加强联系。如果列车误入无电区，驾驶员必须马上制动列车，降下受电弓或集电靴，并报行车指挥人员，听其指挥。

（2）第二种情况属于设备缺陷，并且列车经过该区域时速度也较慢，驾驶员控制不当的话，容易停车。如果断电区距离比较长，存在列车的集电靴均无法与接触轨相连的可能，就存在列车在断电区无法凭自身动力动车，需要组织列车救援，将其推或拉离断电区。如果列车停在断电区只是不分列车无动力时，可以依靠剩余列车动力动车离开断电区。这都会造成列车的延误。为避免此种情况，驾驶员需要熟悉线路，控制好速度。

4. 火灾

城市轨道交通通常为地下密闭空间，通风条件、照明条件相对较差，而且随着规模的扩大，客运量不断攀升，车站、列车内人流密集。一旦发生火灾，如果不能快速处理疏散，后果将相当严重。

1）城轨火灾类型

城轨火灾按照发生的区域，可分为车站火灾、隧道火灾、列车火灾、车辆段火灾和非运营生产区域火灾五大类。因车辆段火灾和非运营生产区域火灾不涉及乘客，处理相对简单，本部分内容主要介绍前三种情况。

（1）车站火灾可发生在站台区域、站厅区域、设备区等，引起车站火灾的主要原因有设备故障、不安全用电、乘客携带的易燃、易爆物等。

（2）隧道火灾发生在区间，引起隧道火灾的主要原因有隧道旁的设备设施温度过高、外界泄漏的可燃气体、液体等。

（3）列车火灾可能发生在车站站台区域也可能发生在区间，造成列车内发生火灾的主要原因包括列车自身设备老化、故障，乘客携带的易燃易爆物，犯罪分子的纵火行为等。

2）发生火灾后，驾驶员处理火灾的方法

（1）车站发生火灾时，原则上不主张在该车站上、下乘客。如果列车此时正在该火灾站时，驾驶员应立即关门前往下一站，同时，行调扣停后续列车或组织列车在该站不停站通过。列车因故在该车站停车时，不开门并通知乘客不能下车。

（2）隧道内发生火灾时，驾驶员立即采取措施在起火点前停车，并退回车站。若不能在起火点前停车，则尽量维持运行到前方车站。

若列车被迫在区间停车，需立即施加停放制动、降弓，结合设备情况，打开疏散门或利用疏散平台组织乘客疏散（接触轨线路需停电），并确保无乘客遗留在区间。

（3）列车上发生火灾时，可以按照列车最终停靠地点分为列车在站台火灾（包括列车区间火灾后运行到车站）和列车在区间火灾两种情形。

① 列车在站台发生火灾时，立即打开车门、屏蔽门（安全门），尽快联系车站组织乘客疏散，确保乘客人身安全，并在做好防护后到现场灭火。

② 列车在区间发生火灾，驾驶员首先判断火情，安抚指引乘客灭火，尽量维持进站处理。列车被迫停在区间后，驾驶员应根据火势和现场状况等决定立即疏散还是进行初步灭火。若判断火势可控，则在施加停放制动和降下受电弓后，前往灭火；若判断火势危急，应立即组织疏散乘客。

5. 发现侵限物

限界是为保证城市轨道车辆安全行车规定的技术尺寸，任何设备、设施不得超过车辆限界。

侵限的情况在正线运营中和车厂运作中都有可能发生，侵限有可能是城市轨道车辆外部原因造成的，如乘客携带物（雨伞、气球等）、地面站周边环境（小动物、农田薄膜飞过防护，小孩翻过围网）；也可能是城市轨道车辆内部原因造成的，如设备原因（工程车侧门未锁、列车车体外部盖板未锁好、轨旁设备老化脱落等）、人为失误（施工清场不彻底、遗留物品在钢轨上或限界范围内）。

按照侵限物体所在位置，可大致分为轨行区物体侵限和接触网（轨）附近有异物两种，无论轨行区或接触网发现有物体侵限，均应立即采取停车措施，尽量在侵限物品前停下列车。

列车在侵限物前停车，若行调要求下车清除侵限物，则施加停放制动，做好个人防护后下车处理。

列车完全越过了侵限物，则驾驶员应确认网压显示是否正常，有无其他异常状况，听从行调或事故处理主任的指挥。

列车部分越过异物（判断前端受电弓已越过异物，如图5-12所示）降下后端的受电弓（如图5-13所示），限速5 km/h通过，并密切监控列车状态（尤其网压变化情况），如图5-14所示。

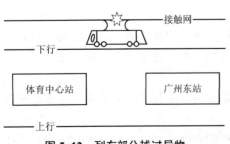

图5-12 列车部分越过异物

图 5-13　降下后端受电弓运行　　　　图 5-14　越过异物后，升后端受电弓，恢复正常运行

6. 列车撞人、压人

虽然目前绝大多数城市轨道线路在站台都安装了屏蔽门或安全门，有效地减少了乘客掉下轨道，从而发生列车撞人、压人的风险，但是仍存在个别乘客通过翻越站台安全门、翻越线路围栏进入城市轨道地面线路或其他方式流窜到地下线路等其他区域的可能。

因此，驾驶员在驾驶列车的过程中同样不能麻痹大意，要时刻留意前方进路，做到"动车集中看，瞭望不间断"。发现有人跳下或掉下轨道，或侵入轨行区，驾驶员第一时间按下紧急停车按钮停车，如发生了列车撞人、压人，则立即通知行调和车站，在事故处理负责人到达后，听其指挥。若需要稍微移动列车时，确认现场人员全部处于安全位置后，再按要求动车。

7. 列车上发现可疑物品

近年来，随着城市轨道交通在城市交通运输系统中的作用越来越大，城轨也越来越多地受到犯罪分子的"青睐"，远有东京地铁沙林毒气案，近有伦敦、莫斯科地铁连环爆炸案，均造成了严重的人员伤亡和较坏的社会影响，因此，城轨对于可疑物品的检查和处理也越来越重视。

驾驶员岗位所涉及的可疑物品处理主要来自列车上。在收到车厢的乘客报警按钮报警后，首先通过客室对讲向现场乘客了解情况，并报告行调，待运行到前方车站后，通知车站派人到现场确认，如确定列车上有可疑物品后，需报行调并协助车站清客，必要时听从行调安排，进行清客。

8. 屏蔽门与车门间滞留乘客

为了列车运行安全，站台屏蔽门及其他设备不得侵入车辆限界，同时考虑到受载荷时站台屏蔽门的变形量和安装误差，在安装时站台屏蔽门和列车车门之间会留有 20~30 cm 的空隙，可能夹住一个身材比较瘦小的成年人或孩子。如果乘客在列车关门报警音响起后仍然上、下列车，就有可能导致乘客在车门、屏蔽门关好后刚好处于两者之间。此时车门、屏蔽门系统检测为关好的状态，如果列车启动，必然会发生乘客伤亡的惨剧。

为了保障乘客人身安全，将乘客滞留在屏蔽门与车门之间的可能性降至最小，驾驶员应严格执行作业程序，时刻保持对空隙安全的确认，至关重要。首先，驾驶员在车站关门时，要通过空隙观察乘客上下情况，关门后要认真确认空隙安全时，发现乘客滞留后，立即重新打开屏蔽门、车门。

若列车已启动，听到车站或乘客通知屏蔽门、车门间夹人时，马上紧急停车并报行调，并用对讲机与车站联系，按照车站的指挥进行处理。

9. 列车错开车门

1）错开车门的表现

错开车门是指已载客的列车停车后，未对好站台而开启客室车门（指客室至少有一个客室门越出站台头端墙或未到站台尾端墙，在未切除车门的情况下，打开了客室车门）或开启非站台一侧的客室车门。

2）错开车门主要可能由设备原因和人为原因造成

（1）设备原因多是车辆、信号等设计缺陷或故障引起。如列车折返后，打开非站台侧车门；列车 ATO 模式未对好标，但仍然自动打开车门等。

（2）人为原因多是驾驶员违反作业程序、操作规程或劳动纪律造成。如违反规定擅自使用车门旁路开关；列车 URM、RM 模式时，未到站台确认停车位置；简化作业程序，直接在驾驶室内按压开门按钮等。

为防止人为错开车门的发生，可通过规范站台作业程序的方法来防止。同时，也可通过关键设备加封，使用时，必须得到行调许可的方式，降低发生误操作的可能，例如在车门旁路上加铅封，在强行开门按钮上加保护盖等。错开车门极易造成乘客伤亡。发生错开车门后，驾驶员应立即广播通知乘客不要靠近打开的车门。若是未对好站台开启客室车门，需要驾驶员关好门前往相应车门检查是否有乘客掉下轨道；若是开启非站台侧车门，驾驶员需要在列车前、后端用手电查看是否有乘客掉下轨道，同时打开站台侧车门，要求车站一一确认误开的车门处是否有乘客掉下。

任务实施

序号	突发事件	处理步骤	执 行 标 准
1	乘客报警	确认乘客报警	通过车辆显示屏确认乘客报警位置
		马上与乘客对话	与乘客通话："您好，我是本次列车司机，请问有什么可以帮到您？"
		乘客回复	乘客回复："车上有人晕倒，需要救治。"
		安抚乘客	与乘客通话："请照顾好病人，列车前方到站后，安排救治。"
		驾驶员汇报行调	驾驶员汇报行调："行调，××次在××站—××站区间客室内有乘客晕倒，需在前方站内停车，请求救助。"
		行调回复驾驶员	行调回复驾驶员："××次在××站—××站区间客室内有乘客晕倒，需在前方站内停车，请求救助，行调收到。"
		维持列车进站对标停车	维持列车进站对标停车

序号	突发事件	处理步骤	执 行 标 准
1	乘客报警	待车门打开后，呼叫车站	驾驶员呼叫车站："站台，××方向列车，第×节客室内有乘客晕倒，请协助处理。"
		车站回复驾驶员	车站回复驾驶员："××方向列车，第×节客室内有乘客晕倒，需协助处理，站台明白。"
		广播通知乘客临时停车	进入司机显示屏上的紧急广播界面，选择"临时停车"或进行人工广播："各位乘客，现在是临时停车，不便之处，敬请原谅。"
		救助完毕后，车站通知驾驶员	站台通知驾驶员："××方向列车，第×节客室晕倒的乘客已救治完毕，请确认好了信号。"
		驾驶员回复车站	驾驶员回复站台："好了信号有。"
		关闭车门	关闭车门
		启动列车继续运营	启动列车，继续运营
		汇报行调	驾驶员汇报行调："行调，××次在××站客室内乘客晕倒，站台已协助救治完毕，恢复运行。"
		行调回复驾驶员	行调回复驾驶员："××次在××站客室内乘客晕倒，站台已协助救治完毕，恢复运行，行调收到。"
2	车厢火灾	确认火灾情况	通过车辆显示屏，确认客室火灾位置
		汇报行调	驾驶员汇报行调："行调，××次在××站—××站区间客室发生火灾。"
		行调回复	行调回复驾驶员："××次，维持运行到下一站后，请求车站协助，疏散乘客。"
		驾驶员应答	驾驶员应答："××次，维持运行到下一站后，请求车站协助，疏散乘客，司机明白。"
		维持列车运行	维持列车运行
		广播通知乘客	进入司机显示屏上的紧急广播界面，选择"车厢火警"或进行人工广播："各位乘客，由于列车发生起火，请您远离火源，不要惊慌，列车即将进站。在每节车的中部座椅下有灭火器，如能确保安全，您可以按指引正常操作灭火。"

项目 5 处理列车突发情况

续表

序号	突发事件	处理步骤	执 行 标 准
2	车厢火灾	维持列车进站对标停车并打开车门	维持列车进站对标停车并打开车门
		降下受电弓	按压受电弓"降"按钮
		施加停放制动	按压停放制动"施加"按钮
		呼叫车站	驾驶员呼叫站台:"站台,××方向列车,第×节客室发生火灾,请协助灭火,疏散乘客。"
		车站回复驾驶员	站台回复驾驶员:"××方向列车,第×节客室发生火灾,需协助灭火,疏散乘客,站台收到。"
		协助疏散乘客,加强联系	
3	有人入侵限界	确认前方线路有行人	确认前方线路有行人
		立即施加紧急	立即按压紧急制动按钮,施加紧急
		鸣笛警示	按下主控面板的"风笛"按钮,鸣笛警示
		控制列车停稳	控制列车停稳
		广播通知乘客临时停车	进入司机显示屏上的紧急广播界面,选择"临时停车"或进行人工广播:"各位乘客,现在是临时停车,不便之处,敬请原谅。"
		汇报行调	驾驶员汇报行调:"行调,××次在××站—××站区间,发现隧道有人,紧急停车,列车未撞到行人。"
		行调回复	行调回复驾驶员:"××次,确认人员处于安全位置,继续运行。"
		驾驶员应答	驾驶员回复行调:"××次,确认人员处于安全位置,继续运行,司机明白。"
		确认人员处于安全位置	确认人员处于安全位置
		缓解列车紧急制动,恢复运行	缓解制动,继续运营
4	接触网停电	确认接触网停电	确认接触网停电(受电弓升起,无网压,列车无牵引)
		汇报行调	驾驶员汇报行调:"行调,××次在××站—××站区间,列车无网压。"

序号	突发事件	处理步骤	执 行 标 准
4	接触网停电	行调回复	行调回复驾驶员："××次，维持惰行到下一站对标停车。"
		驾驶员应答	驾驶员回复行调："××次，维持惰行到下一站对标停车，司机明白。"
		维持列车惰行进站对标停车	维持列车惰行进站对标停车
		打开车门	打开车门
		降下受电弓	按压受电弓"降"按钮
		施加停放制动	按压停放制动"施加"按钮
		汇报行调	驾驶员汇报行调："行调，××次已在××站停稳。"
		行调回复	行调回复驾驶员："××次，接触网临时停电，做好乘客安抚工作，等待来电通知。"
		驾驶员应答	驾驶员回复行调："××次，接触网临时停电，做好乘客安抚工作，等待来电通知，司机明白。"
		广播通知乘客临时停车	进入司机显示屏上的紧急广播界面，选择"临时停车"或进行人工广播："各位乘客，现在是临时停车，不便之处，敬请原谅。"
		行调通知驾驶员接触网来电	待接触网恢复正常后，通知驾驶员："××次，接触网来电，恢复正常运营。"
		驾驶员应答	驾驶员回复行调："××次，接触网来电，恢复正常运营，司机明白。"
		重新升弓，确认网压正常	重新升弓，确认网压正常
		关闭车门，恢复运行	关闭车门，缓解停放制动，继续运营
5	车门夹人	列车到站开门，乘客上下车完成后，关闭车门	列车到站开门乘客上下车完成后，按压关门按钮，关闭车门
		发现车门夹人	发现车门夹人
		立即按压"重开门"按钮	立即按压"重开门"按钮，打开车门

项目 **5** 处理列车突发情况

续表

序号	突发事件	处理步骤	执 行 标 准
5	车门夹人	呼叫车站	驾驶员呼叫车站："站台，××方向列车，车门夹人，请协助处理。"
		车站回复驾驶员	站台回复驾驶员："××方向列车，车门夹人，需协助处理，站台收到。"
		汇报行调	驾驶员汇报行调："行调，××次在××站，因车门夹人，临时停车处理。"
		行调回复	行调回复驾驶员："××次在××站，因车门夹人，临时停车处理，行调收到。"
		广播通知乘客临时停车	进入司机显示屏上的紧急广播界面，选择"临时停车"或进行人工广播："各位乘客，现在是临时停车，不便之处，敬请原谅。"
		救助完毕后，车站通知驾驶员	车站通知驾驶员："××方向列车，车门夹人已处理完毕，请确认好了信号。"
		驾驶员回复车站	驾驶员回复车站："好了信号有。"
		关车门	按照标准流程关闭车门
		启动列车继续运营	启动列车，继续运营
		汇报行调	驾驶员汇报行调："行调，××次，在××站车门夹人已处理完毕，恢复运行。"
		行调回复驾驶员	行调回复驾驶员："××次，在××站车门夹人已处理完毕，恢复运行，行调收到。"
6	线路积水	确认前方线路积水	确认前方线路积水（积水在轨面以下）
		立即停车	立即施加制动停车
		列车停稳后，广播通知乘客临时停车	进入司机显示屏上的紧急广播界面，选择"临时停车"或进行人工广播："各位乘客，现在是临时停车，不便之处，敬请原谅。"
		汇报行调	驾驶员汇报行调："行调，××次在××站—××站区间停车，前方线路有积水，但未没过轨面。"
		行调回复	行调回复驾驶员："××次，转人工驾驶模式，限速（15 km/h）通过积水区段后，恢复正常运行。"

序号	突发事件	处理步骤	执 行 标 准
6	线路积水	驾驶员应答	驾驶员回复行调:"××次,转人工驾驶模式,限速(15 km/h)通过积水区段后,恢复正常运行,司机明白。"
		启动列车,限速(15 km/h)通过积水区段	以人工驾驶模式启动列车,限速(15 km/h)通过积水区段
		列车通过积水区段后,恢复正常运行	列车通过积水区段后,恢复正常运营

拓展任务 5.3 应急预案管理

城市化的高速发展,使得人口和经济迅速向城市集中。由于城市是地区的政治、经济、文化和科技中心,具有人口集中、产业集中、财富集中、建筑物与构筑物集中和各种灾害集中的特点,一旦发生事故灾害,将造成巨大的经济损失和人员伤亡。在这种情况下,突发公共安全事件对人民群众的生命安全和社会经济的威胁就表现的日益突出。当前在中国,应急管理也已经上升为国家关注层面。目前突发公共事件所包含的自然灾害、事故灾难、公共卫生和社会安全等突发事件每年造成非正常死亡超过 20 万人,伤残超过 200 万人,经济损失超过 6 000 亿人民币,公共安全形势严峻。

随着 2006 年 1 月 8 日国务院发布的《国家突发公共事件总体应急预案》出台,我国应急预案框架体系初步形成。是否已制定应急能力及防灾减灾应急预案,标志着社会、企业、社区、家庭安全文化的基本素质的程度。作为公众中的一员,我们每个人都应具备一定的安全减灾文化素养及良好的心理素质和应急管理知识。

5.3.1 应急预案

1)应急概念

应急概念是对应于特重大事故灾害的危险问题提出的。危险包括人的危险、物的危险和责任危险三大类。首先,人的危险可分为生命危险和健康危险;物的危险指威胁财产和火灾、雷电、台风、洪水等事故;责任危险是产生于法律上的损害赔偿责任,一般又称为第三者责任险。其中,危险是由意外事故、意外事故发生的可能性及蕴藏意外事故发生可能性的危险状态构成。

2)应急预案的概念

应急预案指面对突发事件如自然灾害、重特大事故灾害、环境公害及认为破坏的应急管理、社会、救援计划等。它一般应建立在综合防灾规划之上。应包括以下几个重要的子系统:完善的应急政治管理指挥系统;强有力的应急工程救援保障体系;综合协调、应对自如的相互支持系统；充分备灾的保障供应体系；体现综合救援的应急队伍等。

危机管理过程论认为，危机管理可以分解为如下两个层面和两个阶段：危机前对策——预防减灾和事前准备；危机后对策——快速应对和恢复平常。基于此，从时间脉络上可将公共危机应急管理分为预警阶段、准备阶段、应急处置阶段、评估恢复阶段这四个阶段。我们也依据此处理流程设计了系统的整体框架功能。

应急预案是事先针对可能发生的事故（件）或灾害进行预测，而预先制定的应急与救援行动、降低事故损失的有关救援措施、计划或方案，又称预防和应急处理预案、应急处理预案或应急救援预案。

应急准备是针对可能发生的事故，为迅速、有序地开展应急行动而预先进行的组织准备和应急保障。

3）应急处置

应急处置分应急响应和应急救援两个部分，应急响应是指事故发生后，有关组织或人员采取的应急行动；应急救援是指在应急响应过程中，为消除、减少事故危害，防止事故扩大或恶化，最大限度地降低事故造成的损失或危害而采取的救援措施或行动。

评估恢复是指事故的影响得到初步控制后，为使生产、工作、生活和生态环境尽快恢复到正常状态而采取的措施或行动。

 5.3.2 轨道交通应急预案分类、分级

1. 按照突发事件的性质分

可以分为运营生产类、消防治安类、自然灾害类。

2. 根据事故、事件的危害及影响程度分

可以分为 A 类应急预案，B 类应急预案。

1）A 类应急预案

事件影响程度较大，频率较高；

2）B 类应急预案

事件影响程度一般，且频率较低，涉及单一部门，某一中心或系统内相关中心能够共同处置完成的应急预案。

 5.3.3 应急预案编制要求

1. 针对性

应急预案应结合危险分析的结果，针对重大危险源可能发生的各类事故关键的岗位和地点、薄弱环节以及重要的工程进行编制，确保其有效性。

2. 科学性

编制应急预案，必须以科学的态度，在全面调查研究的基础上，实行领导和专家相结合的方式，开展科学分析和论证，制定出决策程序和处置方案、科学应急手段、先进的应急反应方案，使应急预案真正具有科学性。

3. 可操作性

为确保应急预案实用、可操作，重大事故应急预案编制机构应充分分析、评估本专业系统可能存在的重大危险及其后果，并结合自身应急资源能力的实际，对应急过程的一些关键信息，如潜在重大危险源及后果分析、支持保障条件、决策指挥与协调机制等，进行详细而系统的描述。同时各责任方应确保重大事故应急所需的人力、设施和设备、财政支持以及其他必要资源。

4. 完整性

应急预案内容应完整，包含实施应急响应行动所需的所有基本信息，主要体现在功能、职能完整，应急过程完整，适用范围完整。

5. 符合性

应急预案中的内容应符合国家相关法律法规、国家标准的要求。

6. 可读性

预案中信息的组织应有利于使用和获取，并具备相当的可读性，且易于查询，语言简洁，通俗易懂，层次及结构清晰。

7. 协调性

应急预案要相互衔接重大事故应急预案应与其他相关应急预案协调一致，相互兼容，以确保应急救援工作的成效。

✿ 5.3.4 应急预案编制的核心要素

完整的应急预案应围绕以下六个核心要素进行编制：

1. 应急预案概况

应急预案概况主要是对预案实施的范围、针对的危险特性状况等做必要说明，需明确应急方针与原则，作为开展应急救援工作的纲领。

2. 预防程序

预防程序是对潜在事故、可能得次生与衍生事故进行分析并说明所采取的预防和控制事故的措施。

3. 准备程序

准备程序应说明应急行动前所需采取的额准备工作，包括应急组织及其职责、应急队伍建设和人员培训、应急物资的准备、预案的演练、公众的应急知识培训、签订互助协议等。

4. 应急程序

应急程序和步骤必须围绕信息通报、指挥控制、事态监测与评估、人员安全、抢险救援等功能和任务开展。

5. 恢复程序

恢复程序是说明事故现场应急行动结束后所需采取的清除和恢复行动，应充分考虑恢复过程中的危险，制定恢复程序，防止事故再次发生。

6. 预案的评审改进

应针对不同类别的应急预案定期进行演练，通过演练评估或在应急救援后，对应急预案进行评审，针对各种变化的情况以及预案中所暴露出来的缺陷，不断地完善应急预案体系。

 5.3.5　编制程序

1. 准备工作

1）应急预案编制工作组

结合本单位职能分工，成立以单位主要负责人为领导的应急预案编制工作组，明确编制任务、职责分工，制订工作计划。

2）危险源与风险分析

在危险因素分析及事故隐患排查、治理的基础上，确定本单位的危险源、可能发生事故的类型和后果，进行事故风险分析，并指出事故可能产生的次生、衍生事故，形成分析报告，分析结果作为应急预案的编制依据。

3）资料收集

收集应急预案编制所需的各种资料（相关法律法规、应急预案、技术标准、国内外同行业事故案例分析、本单位技术资料等）。

4）应急能力评估

对本单位应急装备、应急队伍等应急能力进行评估，并结合本单位实际，加强应急能力建设。

2. 应急预案的主要内容

要保证应急救援系统的正常运行，必须事先制定一个应急救援预案（又称应急计划），用计划指导应急准备、训练和演习，以及事故发生后争取迅速高效的应急行动。企业应急预案应当包括以下主要内容：

1）应急预案的适用范围

需要针对具体的灾害类别制定相应的应急预案。

2）事故可能发生的地点和可能造成的后果

即事故类型和危害程度分析：在危险源评估的基础上，对其可能发生的事故类型和可能发生的季节及其严重程度进行确定。

3）事故应急救援的组织机构及其组成单位、组成人员、职责分工

应急组织体系应明确应急组织形式，构成单位或人员，并尽可能以结构图的形式表示出来。指挥机构及职责应根据事故类型，明确突发事件应急领导小组、现场指挥小组以及各单

位或人员的具体职责。

4）事故报告的程序

（1）确定报警系统及程序。

（2）确定现场报警方式，如电话、警报器等。

（3）确定 24 小时与相关部门的通讯、联络方式。

（4）明确相互认可的通告、报警形式和内容。

（5）明确应急反应人员向外求援的方式。

5）接到事故报告后应当采取的行动和措施

要针对事故危害程度、影响范围和单位控制事态的能力，根据事故的大小和发展态势，明确应急指挥、应急行动、资源调配、应急避险、扩大应急等响应程序，针对本单位事故类别和可能发生的事故特点、危险性，制定的应急处置措施。

6）事故应急救援（包括事故伤员救治）资源信息

这些资源信息包括队伍、装备、物资、专家等有关信息的情况：明确应急处置所需的物质与装备数量、管理和维护、使用等；明确救援队伍的组织形式、各单位应急自救组织形式及人员构成情况等。

7）事故报告及应急救援有关的具体通信联系方式

报警电话及上级部门、相关应急救援单位联络方式和联系人员、事故报告基本要求和内容，建立健全应急救援通信系统，确保信息畅通。

8）应急处置的主要内容

即事故应急处置程序，根据可能发生的事故类别及现场情况，明确事故报警、各项应急措施启动、应急救护人员的引导、事故扩大及同各部门应急预案的衔接的程序。

9）保障应急预案贯彻执行的措施

包括应急救援照明保障、通信保障、后勤保障，等等。

10）应急预案编制、管理的措施和要求

其中训练和演习可以看作应急预案的一部分或继续。它是通过培训和演练，把应急预案加以验证和完善，确保事故发生时应急预案得以实施和贯彻。

3. 关键的路线、标识和图纸

关键的路线、标识和图纸主要包括以下几项：

（1）警报系统分布及覆盖范围。

（2）重要防护目标一览表、分布图。

（3）应急救援指挥位置及救援队伍行动路线。

（4）疏散路线、重要地点等标识。

（5）相关平面布置图纸、救援力量的分布图纸等。

4. 应急预案评审与发布

应急预案编制完成后，应进行评审。评审由本单位主要负责人组织有关部门和人员进行。外部评审由上级负责安全管理的部门组织审查。评审后，按规定报有关部门备案，并经生产经营单位主要负责人签署发布。

5. 应急预案更新

1）各归口职能管理部门负责相关应急预案的更新工作

2）各类应急预案应当根据实际情况不断更新完善，预案修订情况应有记录并归档

3）更新依据

（1）安全生产中因新技术、新项目、新形势、新条件的需要而增加的应急预案或内容。

（2）依据的法律、法规、规章和标准发生变化的。

（3）部门机构、应急组织指挥体系或者职责已经调整发生重大变化的。

（4）应急预案演练评估报告中要求修订的内容。

（5）应急预案管理单位要求修订的内容。

6. 应急救援队伍和救援物资

（1）建立专兼职救援抢险队伍，并定期培训、演练。

（2）根据应急救援的需要，配备救援必需的设备设施、物资。

（3）安排专人管理应急救援设备设施及物资，并定期进行检测和维护，保证救援物资齐全、完好，满足救援抢险的需要。

❀ 5.3.6　应急预案演练

应急预案应按事故类别定期组织演练，以检验应急预案的合理性、应急抢险组织机构的现场指挥、各级抢险组织的响应能力，锻炼员工的事故处置及事后恢复重建能力。应急预案演练时，应由预案演练主办部门成立演练评估组，由相关单位负责人或专业技术人员组成，组长由预案主办部门负责人担任。演练结束后，各参加演练单位应向演练主办部门提供演练经过、影响、不足及改进措施和各项相关数据。演练评估主要内容有演练方案、系统设备工况、各岗位人员应急处置程序、演练过程中存在的不足及改进措施，并对应急预案的可行性进行评估。演练评估应包含对各级应急响应时间进行的评估，并建立应急处理过程的各单项处置时间表。演练评估组及时完成《预案演练评估报告》。

项目反思

1. 如果遇到课本上没有讲到的列车故障要怎样处理？

2. 按照标准的步骤处理之后故障依然没有排除，该怎样处理？

3. 处理突发事件时遇到不肯配合的乘客该怎么办？

4. 查阅资料，看看突发事件发生时列车驾驶员都是怎样处理的？有没有更好的处理方法？

词　汇　表

序号	词汇	定　　义
1	AFC	自动售票检票系统
2	AM	ATO 自动驾驶模式
3	AR	无人自动折返驾驶模式
4	ATC	列车自动控制系统
5	ATO	列车自动驾驶系统
6	ATP	列车自动保护系统；列车超速防护系统
7	ATS	列车自动监视系统
8	BCU	制动控制单元
9	CBTC	基于无线通信的列车控制系统
10	CCTV	电视监视器(设在站台头端墙、车站控制室、OCC 等处)
11	CTC	连续通信控制级
12	cut-out	非限制人工驾驶模式
13	DCC	车场调度室
14	DDU	司机显示单元
15	DTRO	无人驾驶自动折返操作
16	ECU	制动微机控制单元
17	EDCU	车门控制单元
18	FAS	火灾报警系统
19	HMI	人机界面
20	HSCB	高速断路器
21	ITC	点式控制级
22	IXL	连锁控制级别
23	LCP 控制盘	设于站控室控制台上，设有扣车、取消扣车、紧急停车、取消紧停、灯泡测试等按钮，与站台 ESB 相连通

续表

序号	词汇	定　义
24	LOW 工作站	微机联锁区域操作员工作站
25	MMI	人机接口
26	MVB	多功能车辆总线
27	OBCU	车载控制单元
28	OCC	地铁运营控制中心
29	PLS	屏蔽门监控系统就地控制盘
30	PM	保护人工驾驶模式
31	RIO 阀	远程输入/输出阀
32	RM	限制人工驾驶（25 km/h）模式
33	RMF	限速向前模式
34	SIV	辅助逆变器
35	SM	ATP 监督下的人工驾驶模式
36	STM	ATP 地面接收模块
37	TMS	列车监控系统
38	TWC	车地通信设备
39	URM	非限制式人工驾驶模式
40	VOBC	车载控制器
41	手指、口呼	通过心想、眼看、手指、口述需确认的安全关键部位，以达到集中注意力、正确操作目的的一种安全确认方法
42	冒进信号	列车前端任何一部分越过固定信号显示的停车信号；停车列车越过到达线末端，计算该线有效长度的警冲标或轧上线路脱轨器
43	运营时刻表	列车在车站（基地）出发、到达（或通过）及折返时刻的集合
44	车机联控	指车务、机务等行车有关人员使用列车无线调度通信设备，按规定联络，提示行车安全信息，确认行车要求的互控方式
45	行车闭塞	一个区间或规定的空间范围内在同一时间只有一列车占用，并保持列车与列车间一定的安全距离
46	手信号	用信号旗或信号灯及显示信号的人用手臂显示的信号
47	路票	列车进入区间的凭证，连锁故障时保证行车闭塞的一种手段
48	进路	在车站范围及区间线路上列车由某一指定地点（始端信号机）运行到另一指定地点（终端信号机）所经过的路段

序号	词汇	定　义
49	联锁	在信号机、道岔及进路之间建立的相互制约关系。目的就是当一条进路建立后，防止其他进路进入该进路，保证该进路的行车安全
50	列车运行图	指利用坐标原理表示列车运行状况的一种图解形式。一号线采用西门子 FALKO 系统编制
51	三、二、一车距离	指调车作业时，距离停留车或停车地点的距离。一车、二车、三车分别为 20 米、40 米、60 米
52	列车	指在正线上运行的客车、工程车(含单机)、救援列车
53	客车	指可载客运行的列车，由两组电动车组组成，每组由三节车厢组成
54	机车	指有内燃机动力的车辆，用来调车和牵引车辆
55	车辆	指没有自带动力的车辆，如平板车等
56	工程车	指由机车和车辆编组而成的列车（含内燃机车、接触网检修车等单机编组）
57	使用车	按列车时刻表上线运行的列车
58	备用车	准备上线替换故障列车或需要加开列车时使用的列车
59	运用车	使用车和备用车总称运用车
60	检修车	在基地内进行大修、中修、架修等各种检修及临修的车辆统称为检修车

词汇表

参 考 文 献

[1] 人力资源和社会保障部教材办公室，广州市地下铁道总公司. 地铁列车司机［M］. 北京：中国劳动社会保障出版社，2014.

[2] 华彤天. 城市轨道交通电客车司机［M］. 北京：中国铁道出版社，2014.

[3] 鲁新华. 城市轨道交通电动列车驾驶［M］. 北京：中国地道出版社，2011.

[4] 张庆玲，王海啸. 城市轨道交通车辆结构与检修［M］. 北京：北京理工大学出版社，2015.

[5] 陈策源，黄敏. 深圳市地铁集团有限公司支营分公司企业标准：罗宝线客车司机手册［S/OL］. 2012-08-16. http://www.tceic.com/l571jhk3g0116i175k0k481i.html.

[6] 上海申通地铁集团有限公司. 上海地铁运营非正常作业管理办法-车调联控［S/OL］. ［2012-11-05］. http://www.docin.com/p-516858949.html.

[7] 长春市轨道交通集团有限公司轻轨三期车辆资料.